CW01664864

gorzka pomarańcza

Nadia Hamid

gorzka pomarańcza

ucieczka ze świata islamu
historia Polki, żony muzułmanina

bernardinum
Pelplin 2017

Redakcja i korekta
Anna Gniewkowska-Gracz

Projekt okładki
Michał Mierzejewski

Wydanie drugie

Wydawnictwo „Bernardinum" Sp. z o.o.
ul. Biskupa Dominika 11, 83-130 Pelplin
tel. 58 536 17 57, fax 58 536 17 26
bernardinum@bernardinum.com.pl
www.bernardinum.com.pl

ISBN 978-83-8127-028-1

Skład, druk i oprawa
Drukarnia Wydawnictwa „Bernardinum" Sp. z o.o.,
Pelplin

Od pierwszego wejrzenia

Urodziłam się w latach 60. XX wieku w Gdańsku, w zwykłej inteligenckiej rodzinie. Miałam kochających rodziców i o pięć lat starszego brata. W moim domu panował spokój i pełna harmonia. Nie wiedziałam, co to awantury i stresy z nimi związane. Dzieciństwo i wczesna młodość upływały mi w poczuciu bezpieczeństwa i miłości. Wyrosłam na pewną siebie młodą kobietę świadomą swoich wdzięków i atutów, które posiadałam. W późniejszym czasie, w trudnych sytuacjach przyszło mi nie raz je wykorzystać.

Byłam wrażliwa a jednocześnie odważna i podejmowanie ryzykownych wyzwań przychodziło mi z łatwością. Po ukończeniu szkoły średniej, mając dziewiętnaście lat, jak każda dziewczyna w tym wieku, lubiłam bawić się, tańczyć, marzyć o wielkiej miłości, snuć plany na przyszłość. I być może wszystko byłoby inaczej, gdyby nie ten grudniowy mroźny wieczór 1985 roku.

Moja serdeczna koleżanka Żaneta, z którą nie widziałam się bardzo długo, urządzała u siebie w domu prywatkę.

Zaprosiła mnie na nią, mówiąc, iż ma dla mnie niespodziankę i muszę koniecznie przyjść.

– Dobrze – zgodziłam się. – Będę około dziewiętnastej.

Kiedy zjawiłam się u Żanety, zabawa trwała już w najlepsze. Dobra muzyka, jedzenie i alkohol, wykwintny jak na ówczesne czasy.

– Żaneto, skąd masz takie rarytasy?

– Przedstawię ci mojego chłopaka, to wszystko zrozumiesz.

Po chwili zjawił się – przystojny, młody, o egzotycznej urodzie. Typowy „mahoniowy gość".

– Cześć, mam na imię Ali – powiedział po polsku z dziwnym akcentem. Zdumiona wyciągnęłam rękę. Po chwili pociągnęłam Żanetę w stronę kuchni.

– Co ty wyprawiasz? Przecież to Arab – zarzuciłam jej. – Za kogo ludzie cię wezmą?

– On jest wspaniały, nie taki, jak nasi chłopcy – odpowiedziała. Rozpieszcza mnie do granic możliwości. To dzięki niemu stać mnie na różne przyjemności. Poza tym, my się kochamy.

– Ty chyba już kompletnie zwariowałaś. To są jakieś dzikusy. No, sorry, ale ja bym tak nie potrafiła.

– Nie bądź taką rasistką.

– Nie o to chodzi, ale jednak to wstyd... Przepraszam cię, to nie są moje klimaty – zaznaczyłam zdecydowanie.

– No dobra, może masz rację, ale przynajmniej zabawmy się dzisiaj – podsumowała Żaneta.

Zostałam. Atmosfera zrobiła się przyjemna. Przyszło jeszcze kilkoro znajomych Żanety i kilku kolegów Alego. Po chwili dowiedziałam się, iż są to studenci z Libii. Wszyscy zachowywali się bardzo kulturalnie i niczego nie mogłam im zarzucić. Wręcz przeciwnie, zdumiona byłam ich obyciem, umiejętnością prowadzenia rozmowy, dowcipem. Pomyślałam nawet, że byłam niesprawiedliwa i małostkowa. Jakim prawem oceniam ludzi, o których nie mam zielonego pojęcia.

Zrobiło się już późno, ale impreza trwała w najlepsze. Było miło i dopisywał mi humor. Nagle zadzwonił dzwonek do drzwi i gospodyni prywatki poszła otworzyć.

– Dobry wieczór – usłyszałam z korytarza – przepraszam, że przeszkadzam, ale szukam Alego. Mam dla niego pilną wiadomość od jego rodziny z Libii. Godzinę temu rozmawiałem z jego ojcem przez telefon.

– Wejdź, zapraszam – powiedziała Żaneta.

– Nie będę wam przeszkadzał, tylko przekażę wiadomość i już mnie nie ma, mam dużo nauki. Ali może sobie pozwolić na zabawy, pracę magisterską pisze za rok. Nie to co ja, niedługo kończę studia.

– No co ty, wejdź, rozerwiesz się trochę.

– Dobrze, dziękuję, ale tylko na kilka minut.

– Dobry wieczór, mam na imię Muchtar – przedstawił się niespodziewany gość. – Przepraszam za nagłe najście.

Usiadł naprzeciwko mnie i spojrzał, jakby to mnie chciał osobiście przeprosić za kłopot, który być może sprawił swoim przyjściem. I wówczas, patrząc w jego oczy, pomyślałam, że to są najpiękniejsze oczy, jakie w życiu widziałam. Piękne, mądre i romantyczne.

Po chwili zaczęliśmy rozmawiać. Nie pamiętam, o czym, ale byłam już pewna, że inna mowa, kolor skóry czy odmienna kultura są niczym wobec porozumienia serc. One już wtedy coś sobie wyznały – coś, o czym sami nie mieliśmy jeszcze pojęcia…

– Będę musiał się już pożegnać. Pożyczyłem materiały od promotora mojej pracy magisterskiej i powinienem jak najszybciej je oddać. – Zaczął się zbierać do wyjścia.

– No to dobranoc.

– Czy jeszcze kiedyś się spotkamy?

– Nie wiem, być może – odparłam.

– Jak Bóg zechce, to się spotkamy. Będę Go o to prosił – powiedział.

Minęło kilka dni i można powiedzieć, że zapomniałam o tym miłym wieczorze. Tymczasem, któregoś dnia rano, zadzwoniła Żaneta, informując mnie i przepraszając, że podała Muchtarowi numer mojego telefonu.

– Wybacz mi, ale on tak ładnie prosił i widać było, że bardzo mu zależy na rozmowie z tobą.

– Nie powinnaś była tego robić – powiedziałam, udając niezadowolenie. W głębi serca nie czułam wcale gniewu, lecz radość, że pamiętał o mnie.

– Nie rób tego więcej. Teraz będę musiała go jakoś spławić – zaznaczyłam na końcu rozmowy.

Nazajutrz wieczorem zadzwonił telefon, który odebrała mama.

– To do ciebie. Jakiś nieznany mi głos z niepolskim akcentem.

– To chłopak Żanety, mówiłam ci o nim – skłamałam szybko.

– Dobry wieczór, Nadio. Przepraszam za mój nieoczekiwany telefon. Mam nadzieję, że za bardzo się na mnie nie gniewasz…

– Nie, cieszę się, że mogę cię usłyszeć.

– Ja bardziej. Za kilka dni jest Sylwester i Nowy Rok, więc dzwonię, aby cię zaprosić na bal, który odbędzie się na promie. Będziemy pływać po Bałtyku. Byłbym zachwycony, gdybyś zgodziła się spędzić ten czas ze mną.

Trochę mnie zatkało i w pierwszej chwili nie wiedziałam, co odpowiedzieć, choć nie miałam wątpliwości, że tego chcę.

– Dobrze – odpowiedziałam krótko.

Sylwester i chwile, jakie spędziłam na promie, pozostaną do końca mojego życia wspaniałym wspomnieniem. To tej nocy rodziło się nasze uczucie, które nigdy nie miało się skończyć. Muchtar zajmował się mną czule, dbał, aby niczego mi nie brakowało. Wydawało mi się, że znamy się bardzo długo i nie istnieją między nami żadne różnice. Poznałam jego kolegów, którzy przyszli ze swoimi dziewczynami. Jedną z nich była Lucyna, która później została moją przyjaciółką.

Przez cały czas było romantycznie i przyjemnie. Kiedy po balu Muchtar odwiózł mnie taksówką do domu, oboje czuliśmy, że będziemy za sobą tęsknić.

– Zadzwonię w sobotę i znów się spotkamy. Nie mogę się już doczekać.

Muchtar i reszta studentów mieszkała w internacie, który mogli opuszczać w weekendy lub w czasie przerw od nauki.

– Ja także będę liczyła dni – odparłam i zamknęłam za sobą drzwi taksówki.

Od tego czasu każdą wolną chwilę spędzaliśmy razem. Pewnego dnia zachorowałam na anginę i nie mogłam wyjść, aby się z nim spotkać. Postanowiłam zaprosić Muchtara do domu. Punktualnie o godzinie osiemnastej zadzwonił do drzwi naszego mieszkania. Otworzyła moja mama. Widok chłopaka – cudzoziemca wywołał u niej lekkie zakłopotanie i zdziwienie, szczególnie wielkość bukietu wspaniałych kwiatów, które wręczył jej oraz mnie. Wtedy też po raz pierwszy zobaczyłam obawę na twarzach rodziców. A może tylko tak mi się wydawało... Po wyjściu Muchtara zaczęli mnie o niego wypytywać, a ja chętnie odpowiadałam, chwaląc go i wymieniając jego zalety w nieskończoność.

Miłość i szczęście. Szczęście i miłość. Te dwa słowa przeplatały się ze sobą, towarzysząc nam cały czas. Dni i noce pełne zapewnień o wzajemnym uczuciu. Tymczasem czas płynął swoim niezmiennym, okrutnym rytmem. Zbliżało się zakończenie studiów przez Muchtara, obrona pracy magisterskiej, a co za tym idzie – moje rozstanie z ukochanym. Jednak my byliśmy już pewni, że nigdy i nic na świecie nie jest w stanie nas rozdzielić, bo siła naszej miłości przetrwa wszystko i połączy nas na zawsze.

Muchtar był najzdolniejszym studentem na roku, a jego promotor namawiał go, aby nie rozstawał się z uczelnią i starał się napisać doktorat. Była to również szansa na jego powrót do Polski. Musiałby jedynie – jako przyszły oficer Libijskiej Marynarki Wojennej – uzyskać pozwolenie od władz swojego kraju.

– Nie martw się, moja ukochana. Wyjeżdżam, lecz wrócę, jak tylko uzyskam tę zgodę – zapewniał. – Mam nadzieję, że to nie zajmie zbyt dużo czasu i znów będziemy razem. Czy nie czujesz tego, że dobry Bóg nam sprzyja? Dostałem z uczelni bardzo dobrą opinię i ona na pewno mi pomoże.

Nadszedł dzień obrony pracy magisterskiej. Muchtar otrzymał ocenę bardzo dobrą. Wieczorem urządziliśmy przyjęcie, podczas którego ogłosiliśmy nasze zaręczyny. Byliśmy szczęśliwi, lecz myśl o pożegnaniu nie dawała nam spokoju. Równocześnie chodziliśmy po sklepach i kupowaliśmy prezenty dla jego rodziny. Zwyczajem arabskim, każdy musi dostać podarunek. Muchtar szczególnie starannie wybierał prezent dla swojej matki. Wzruszał się zawsze, kiedy o niej mówił.

– Moja matka jest wyjątkowo dobrą kobietą, wszyscy ją lubią i szanują – podkreślał. – Zobaczysz, że kiedy ją poznasz, to ją polubisz, a ona ciebie. To bogobojna kobieta pozbawiona wad. W naszej religii mówią, że raj jest pod stopami matek – zaznaczał.

Syn, który tak bardzo kocha swoją matkę, musi mieć złote serce i być naprawdę dobrym człowiekiem – myślałam wtedy.

Połączenie i rozstanie

Tego, co czułam przy pożegnaniu, nie jestem w stanie przelać na papier. Serce mi krwawiło. Wiedziałam, że tracę kogoś ważnego, bez kogo nie potrafię już żyć. Wyznaniom miłości i obietnicom nie było końca, ale przecież nie mogły one złagodzić bólu rozstania. Moje koleżanki, które – tak jak ja – żegnały się ze swoimi chłopakami, też cierpiały. Jedna z nich, Ewa, trzymała na rękach małą córeczkę o oczach jak dwa węgielki. Jej arabski chłopak wystąpił do swoich władz o pozwolenie na ślub, uzasadniając je tym właśnie, że ma dziecko, które nie może zostać pozbawione ojca, bo ten powinien mieć wpływ na jego wychowanie. Tylko Lucyna nie miała takich rozterek, ponieważ nie robiła sobie żadnych nadziei co do przyszłości swojego związku. Jej Dżamal już na początku ich znajomości uprzedził ją, że życie w jego kraju byłoby dla niej nie do zniesienia, więc dla jej dobra będą musieli o sobie zapomnieć. Jakież to okrutne i bezduszne – myślałam – jak on tak może... Dopiero kilka lat później zrozumiałam, co właściwie miał na myśli.

Po wyjeździe Muchtara została mi w sercu pustka oraz wielka tęsknota. Czekałam na telefon, czekałam na list z wiadomością o jego szybkim powrocie do Polski. Niestety, mijały dni, tygodnie, a wiadomość nie przychodziła. Po prawie sześciu miesiącach oczekiwania mój ukochany zadzwonił. Zmartwionym głosem zakomunikował, że sprawa doktoratu w Polsce musi poczekać, gdyż dostał rozkaz wyjazdu na szkolenie do Związku Radzieckiego. Wtedy też pierwszy raz usłyszałam od niego, żebym się nie martwiła, gdyż on zrobi wszystko, aby sprowadzić mnie do swojego kraju. Te słowa były dla mnie jeszcze jednym dowodem na to, że jestem dla niego najważniejsza i szczerze mnie kocha.

Niedługo po tej rozmowie Muchtar był już w ZSRR, w małym miasteczku koło Odessy. Telefony od niego były częstsze, a listy zapewniające o miłości do mnie przychodziły niemal codziennie.

Usilnie starałam się uzyskać radziecką wizę, aby do niego wyjechać. Kilka osób mi w tym pomogło i nadszedł w końcu dzień wyjazdu. Gdy po długiej rozłące zobaczyliśmy się znowu, nie mogliśmy się sobą nacieszyć. Przez kilka dni żyliśmy w euforii. Zamieszkaliśmy w drugorzędnym hotelu, choć jednak dość przyzwoitym jak na ówczesne warunki. Muchtar dostał pozwolenie od swoich tutejszych przełożonych na nasze wspólne zamieszkanie „na czas odwiedzin żony", bo tak mnie przedstawiał. Moja wiza pobytowa wystawiona była wprawdzie tylko na dziesięć dni, ale udało mi się ją przedłużyć.

Rosjanie byli dla nas bardzo życzliwi i wyrozumiali. Często zapraszali do swoich domów, mimo że życie w tamtych czasach i w tamtym kraju było ciężkie, a ludziom brakowało pieniędzy i artykułów codziennego użytku. Zawarliśmy tam wiele znajomości.

Muchtar już pierwszego dnia mojego pobytu pokazał mi dokumenty, jakie przywiózł z Libii w celu poślubienia mnie.

– Już nigdy się nie rozstaniemy. Jako moja żona pojedziesz ze mną do Libii – powiedział.

Byłam szczęśliwa. Zaczęliśmy starać się o jak najszybsze doprowadzenie do zawarcia małżeństwa. Okazało się, że to nie takie proste. Radzieckie Urzędy Stanu Cywilnego wymagały od nas licznych dokumentów i zaświadczeń. Zdesperowani próbowaliśmy nawet przekupić urzędniczkę oraz podrobić papiery. Niestety, w końcu musieliśmy się poddać. Kończyła się moja wiza i nie było już możliwości jej ponownego przedłużenia. Czekało nas kolejne bolesne rozstanie. Tym razem wiedzieliśmy, że jest to konieczne, bo miałam nadzieję na załatwienie ślubu w Polsce, przez pełnomocnika.

Razem pojechaliśmy do Leningradu, a stamtąd poleciałam do Polski. Po powrocie zabrałam się za załatwianie formalności. Na początek odbyła się rozprawa w sądzie „o zwolnienie z przedłożenia zgody na zawarcie ślubu z obcokrajowcem". Nigdy nie zapomnę słów sędziny, która – spojrzawszy na mnie – zapytała:

– Czy pani się nie boi?

– Nie, Wysoki Sądzie, nie boję się – odpowiedziałam.

– Czy pani zdaje sobie sprawę z ryzyka, decydując się na zamieszkanie w tak odległym kulturowo i obyczajowo kraju, że nie wspomnę już o religii pani przyszłego męża? Proszę to przemyśleć, to bardzo ważna decyzja.

– Nie, nie boję się – powtórzyłam zdenerwowana. – Dobrze znam swojego narzeczonego, on jest inny od wszystkich i z jego strony nigdy nic złego mnie nie spotka. Poza tym jego rodzina jest wykształcona i kulturalna.

– Czy pani już ją poznała? – pytała dalej pani sędzia.

– Nie, ale narzeczony mi o niej opowiadał, a ja mu wierzę.

– Dobrze, otrzyma pani ten dokument. Jest pani dorosła, choć bardzo młoda. To pani życie i nikt nie może za panią decydować, z kim chce je pani spędzić. Ale ja panią ostrzegałam...

– Dziękuję, ale to nie jest potrzebne – odparłam na koniec.

Wychodząc z sądu, poczułam ulgę. To nie było przyjemne. Byłam nawet oburzona słowami sędziny.

Ślub odbył się w marcu 1987 roku. Pełnomocnikiem pana młodego w Urzędzie Stanu Cywilnego został mój brat. To był najdziwniejszy ślub, jaki przyszło mi w życiu oglądać – zimna, urzędowa formalność, która nie miała żadnego uroczystego charakteru. Wieczorem zadzwonił mój świeżo poślubiony na odległość małżonek.

– Nie martw się, moja ukochana. Będziesz miała prawdziwy ślub, najprawdziwszy, jaki tylko można sobie wyobrazić, bo w jedynej najprawdziwszej wierze. Wierze muzułmańskiej...

Po załatwieniu niezbędnych formalności znów udało mi się do niego, do ZSRR wyjechać. Oboje byliśmy już spokojniejsi o naszą wspólną przyszłość. Muchtarowi pozostało jeszcze tylko uzyskanie zgody na sprowadzenie cudzoziemskiej żony do swojego kraju. Muzułmanin ma prawo pojąć za żonę chrześcijankę lub kobietę wyznającą judaizm, muzułmanka natomiast takiego wyboru nie ma.

Muchtar dużo mi opowiadał o swojej rodzinie, o pięknym Morzu Śródziemnym, o afrykańskim słońcu, w którym dojrzewają najwspanialsze pomarańcze w różnych odmianach i o daktylach rosnących na wysokich palmach. Wszystkie jego opowieści były barwne, przedstawiające tamten świat jak piękny, bajkowy sen.

– Ludzie są tam dobrzy, szczerzy i gościnni, szczególnie jeśli chodzi o cudzoziemców. Darzą ich wielką sympatią, a nawet troską, są bardzo wyrozumiali. Zobaczysz, będzie ci dobrze. A nawet, jeśli coś ci się nie spodoba, to przecież masz mnie, który cię kocha nad życie, a i ty mnie przecież kochasz. Czy nie jest prawdą, że miłość wymaga poświęceń? – dodawał często.

Pewnej nocy Muchtar obudził mnie i zapytał, czy pamiętam Ewę i Ahmeda oraz ich córeczkę Nabilę.

– Oczywiście, że tak – odparłam.

– On już uzyskał zgodę na ich przyjazd. Pomogło mu to, że miał dziecko. Nasza religia nie pozwala, aby dzieci wychowywały samotne matki.

– To bardzo szlachetne – przyznałam.

– No więc, gdybyśmy i my mieli dziecko, owoc wielkiej miłości, byłbym spokojny o nasz los, o to, że bez większych problemów szybko będziemy już razem.

Szczerze mówiąc, trochę bałam się tego – ciąża potrwa, a ja będę w tym czasie sama. Dla każdej kobiety jest to bardzo trudny i ważny okres, i ciężko przechodzić go samotnie. Byłam jednak gotowa absolutnie na wszystko. Nie chciałam, by cokolwiek stanęło na drodze naszego wspólnego życia i szczęścia. Po kilku tygodniach od tamtej rozmowy czułam, że rodzi się we mnie nowe życie. Byliśmy szczęśliwi, że stajemy się rodzicami i teraz będziemy już połączeni na zawsze.

– Wielmożny Bóg Allach zesłał nam to dziecko, bo nic nie dzieje się bez Jego zgody – mówił mój ukochany małżonek.

– Chciałbyś, żeby to był chłopczyk, czy dziewczynka? – spytałam.

– Wszystko mi jedno, byle tylko dziecko było zdrowe – odpowiedział, lecz czułam, że – jak każdy Arab – woli mieć syna.

Rozmawialiśmy, snuliśmy plany, mówiliśmy też o wychowaniu naszych dzieci, o religii, jaką powinny przyjąć.

– Kiedy będą dorosłe, to same wybiorą. Tak będzie dla nich najlepiej i najbardziej sprawiedliwie – orzekłam.

Jakże byłam naiwna, wypowiadając te słowa. Nie zdawałam sobie sprawy, iż dzieci urodzone z ojca muzułmanina są skazane tylko na jedną religię – islam.

Nadszedł czas kolejnej rozłąki, czyli mojego powrotu z ZSRR do Polski, a jego rychłego wyjazdu do Libii. Byłam pełna obaw i rozterek. Nie wiedzieliśmy, na jak długo znów się rozstajemy, gdzie urodzi się nasze dziecko i jak ja to wszystko zniosę.

W Polsce moja rodzina troskliwie się mną zajęła. Szczególnie mama, która zawsze mi pomagała i pocieszała, jak tylko potrafiła. Moja ciąża nie przebiegała prawidłowo. Musiałam brać leki, sporo czasu spędziłam w szpitalu. Muchtar telefonował do mnie tak często, jak tylko mógł i pocieszał, że sprawa wspólnego wyjazdu do jego kraju jest na jak najlepszej drodze.

Wreszcie urodziłam mojego synka – Karimka. W domu moich rodziców niczego nam nie brakowało i wszystko było przewidywalne. Czułam wielką radość i ulgę. Zrozumiałam też, że moje życie nie należy już tylko do mnie i że zaczynam ponosić odpowiedzialność za przyszłość tej małej bezbronnej istotki.

Mój mąż oszalał z radości na wieść, że urodził mu się zdrowy syn. W swoim kraju, dla rodziny i znajomych – zwyczajem arabskim – wydał wytworne przyjęcie z tej radosnej okazji. W końcu też udało mu się uzyskać zgodę na przyjazd do Polski i sprowadzenie nas do Libii. Jego przywitanie ze mną i małym synkiem można jedynie opisać jako ogromne szczęście.

Do wyjazdu mieliśmy jeszcze miesiąc, bo tyle Muchtar dostał urlopu. Aż i tylko miesiąc. W oczach rodziców widziałam narastający smutek, który jednak skrzętnie przede mną ukrywali. W moim sercu również narastał ból rozstania – z rodzicami, bratem, moją kochaną babcią i pieskiem Aryskiem, którego bardzo lubiłam. Nie wiem dlaczego, ale odczuwałam też dziwny i nieznany mi dotąd lęk. Przed nieznanym? O los dziecka?

Wreszcie nadeszło pożegnanie. Łzy tak jakoś same napływały do oczu. Rodzice, którzy zawsze pragnęli mojego szczęścia, teraz tak bezradnie stali przede mną. Jakże oni musieli to przeżywać, żegnając mnie wtedy na lotnisku w Warszawie – trzymającą w ramionach swoje pięciomiesięczne dziecko, paszport oraz bilet. Bilet w jedną stronę…

Moja arabska rodzina

Wystartowaliśmy do Trypolisu późnym popołudniem. Lot do Afryki Północnej trwa około trzech i pół godziny. Moje serce biło mocno, zdawało mi się, że słyszę każde jego uderzenie. Nie rozumiałam dlaczego. Przecież spełniało się moje marzenie. Jesteśmy i będziemy już na zawsze razem, czemu więc odczuwam niepokój? Siedzący obok mąż miał zadowoloną minę, choć widać było, że i on trochę się denerwuje.

W końcu podróż dobiegła końca i w oddali widać już było światła lotniska w Trypolisie. Po chwili samolot miękko dotknął ziemi, zaczął hamować, aż wreszcie zatrzymał się. Po otwarciu drzwi buchnęło do środka gorące afrykańskie powietrze. Lądowaliśmy w czerwcu, więc upały sięgały tu zenitu. Było niesamowicie duszno i parno. Odprawa trwała nieskończenie długo, byłam zmęczona i spragniona. Karimek zasnął na moich rękach. Wreszcie, po odebraniu naszych bagaży, wydostaliśmy się z lotniska. Czekał na nas młodszy brat Muchtara – Hamid oraz jego kuzyn Abdallah.

Obaj, po krótkim przywitaniu ze mną, nie zwracali już na mnie uwagi. Najważniejszy był mój mąż oraz jego syn. Przy powitaniu zauważyłam też, iż unikali patrzenia mi prosto w oczy, co było nieco dziwne.

Jechaliśmy starym japońskim samochodem, a kierowca co chwilę używał klaksonu. Ulice miasta były zaśmiecone i zatłoczone. Widać było na nich przede wszystkim mężczyzn, spacerujących lub siedzących na chodnikach, a także dużo wojskowych. Gdzieniegdzie mignęła postać kobiety odzianej w białą *faraszizję*, przez którą wystawało tylko jedno oko. Niektórzy mężczyźni, zwróceni w kierunku Mekki, odprawiali swoją piątą, wieczorną modlitwę. Ponieważ była to pora ostatniej modlitwy w ciągu dnia, zewsząd słychać było głos muezina nawołującego do niej wiernych.

Po przejechaniu części miasta dotarliśmy do dzielnicy, w której mieścił się rodzinny dom mojego męża. Był to stary budynek w stylu arabskim z podwójnymi drzwiami wejściowymi. Jedne prowadziły do salonu dla mężczyzn, drugie do części ogólnej, przeznaczonej dla rodziny oraz kobiet, zupełnie pozbawionej okien. Gdy wysiadłam z samochodu i przekroczyłam próg domu, między moimi nogami coś się poruszyło i żałośnie zabeczało. Ujrzałam jagnię z poderżniętym gardłem i tryskającą krew tuż koło moich stóp. Ten widok był dla mnie takim szokiem, że zrobiło mi się słabo. Biedne jagnię stało się – za moją przyczyną – ofiarą tutejszego zwyczaju. Ginie, gdy panna młoda po raz pierwszy przekracza próg domu poślubionego małżonka.

Po chwili ujrzałam tłum kobiet, dzieci i mężczyzn należących do rodziny. Wszyscy chcieli mnie obejrzeć i przywitać się ze mną. Muchtar przedstawił mi swojego ojca, a mojego teścia. Następnie poznałam jego dwie żony. Jedna z nich była matką Muchtara. Wpatrywała się we mnie wnikliwie, jakby już w pierwszych chwilach naszego poznania chciała odgadnąć, co kryje dusza tej obcej kobiety. Wyraz jej twarzy zdawał się mówić, że nie o takiej synowej marzyła. Drugą żoną mojego teścia Ahmeda była Aziza. Miała wyraźnie łagodniejsze spojrzenie. Teść starał się rozładować nieco napiętą i zupełnie nową dla mnie sytuację. Zaczął rozmawiać po angielsku, aby choć trochę pomóc mi odnaleźć się w zaskakująco odmiennej rzeczywistości.

Potem przyszła kolej na rodzeństwo Muchtara. Jego matka miała siedem córek i trzech synów, natomiast Aziza trzy córki i trzech synów. Byli w różnym wieku, bo też różnica wieku pomiędzy ich matkami wynosiła około dziesięciu lat. Niektóre z dzieci już studiowały, inne były całkiem małe. Usiadłam zwyczajem arabskim na materacu, a kilka kobiet wokół mnie. Zadawano mi bez przerwy jakieś pytania, jakby nie zdawano sobie sprawy, że przecież ja ich kompletnie nie rozumiem. Wokół pełno było dzieci, które bacznie mi się przyglądały. Z kolei stare kobiety dotykały moich włosów, zaglądały w oczy i gładziły skórę na moich dłoniach.

Po podróży i tak drastycznej zmianie klimatu marzyłam o odpoczynku dla siebie i dziecka, ale zauważyłam, że ci ludzie nie mają w ogóle poczucia czasu. Wszyscy oni z okazji naszego przybycia długo i wspaniale się bawili. Podano wielkie misy tradycyjnego kuskusu z mięsem baranim. Jedzono z jednej miski – kobiety z kobietami, a mężczyźni osobno. Nie miałam ochoty na posiłek i bez przerwy wypatrywałam Muchtara, który zaraz po przyjeździe gdzieś zniknął, nie wykazując zainteresowania mną i dzieckiem. W końcu jedna z sióstr Muchtara, Dżamila, widząc moje zmęczenie, zaprowadziła mnie do osobnego pokoju i przyniosła materac, na którym miałam spać z synkiem. Zza drzwi pokoju dobiegały głośne rozmowy i śmiechy. Karimek, nieprzyzwyczajony do hałasu, płakał, nie mogąc zasnąć. Było gorąco i duszno. Małe ciałko było mokre od potu, wymagało kąpieli i ukojenia. W końcu, po kilku godzinach, wycieńczony zasnął, a ja, leżąc samotnie na materacu, połykałam łzy.

Mój ukochany mąż tej nocy w ogóle się nie pojawił. Spał pod gołym niebem z innymi zaproszonymi mężczyznami. Na drugi dzień przybyło jeszcze więcej ludzi – sąsiadów i dalszej rodziny – aby mnie zobaczyć i przywitać pierworodnego syna Muchtara. W końcu pojawił się też, jakby nigdy nic, mój mąż.

– Gdzie byłeś? Jak mogłeś zostawić mnie tutaj samą? Nie zainteresowałeś się swoim dzieckiem? – mówiłam rozżalona.

– Dlaczego masz do mnie jakieś pretensje? Jesteś przecież w domu... A to jest nasze przyjęcie weselne. To wszystko na twoje przywitanie. Bądź szczęśliwa – powiedział zdenerwowany i opuścił mnie ponownie.

Ten zjazd rodziny i sąsiadów trwał około dziesięciu dni. Przez ten czas, od rana do nocy, siedziałam w dusznym pomieszczeniu przeznaczonym dla kobiet i najbliższej rodziny. Moje zachowanie, gesty i słowa były uważnie obserwowane. Niektórzy szeptali, inni komentowali głośno, wiedząc, że nie znam ich języka. Milkli jedynie, gdy wchodził ojciec Muchtara. Był niewątpliwie najważniejszą osobą w rodzinie. Każdy musiał się z nim liczyć i okazywać respekt. Czułam, że – mimo mojej odmienności – darzy mnie sympatią.

Bardzo źle znosiłam cały ten towarzyski maraton. Niewiele jadłam, mało spałam, a mój synek się rozchorował. Widocznie zmiana klimatu, wody i jedzenia podziałała tak, że nie chciał w ogóle jeść. A najgorsze było to, iż nie miałam warunków, aby go codziennie kąpać – wody nie zawsze było tu pod dostatkiem.

Męża widywałam późno w nocy albo wcześnie rano. Irytowało go moje zachowanie, prośby o poświęcenie nam więcej czasu i uwagi. Jakby zupełnie przestał mnie rozumieć – nie docierało do niego, że mogę się tu czuć obca i zagubiona. Zostawiał mnie co rano samą wśród ludzi, których przecież nie znałam i nie rozumiałam. Niewiele osób posługiwało się tu językiem angielskim. Tylko starsze kobiety mówiły trochę po włosku, gdyż w przeszłości Libia była kolonią tego państwa.

Pewnego dnia, chcąc odetchnąć od otaczającego zgiełku, ubrałam synka i wyszłam z tego domu, aby się trochę przejść. Gdy tak spacerowałam, zauważyłam, że wszyscy mężczyźni – bo tylko ich spotykałam na ulicy – patrzyli na mnie, jakbym była z innej planety. Czułam na sobie ich dziwne spojrzenia i zrobiło mi się nieswojo. W dodatku upał był nie do wytrzymania, więc szybko wróciłam do domu. Gdy tylko przekroczyłam próg, bracia mojego męża powiedzieli coś do mnie nieprzyjemnym tonem. Jednak prawdziwa burza rozpętała się wieczorem, gdy wrócił Muchtar i od razu został poinformowany o nagannym zachowaniu żony.

– Jak mogłaś mi to zrobić? – krzyczał, nie zważając, że słyszą to inni ludzie.

– Co takiego? Niczego złego przecież nie zrobiłam – broniłam się. – Wyszłam tylko, żeby się trochę przewietrzyć, bo nie mogę już tutaj wytrzymać. Siedząc tu, czuję się jak w klatce!

– Przynosisz wstyd mnie i mojej rodzinie. Sąsiedzi pomyślą, że moja żona jest nieporządną kobietą. Nie wolno ci samej opuszczać domu.

– Co za bzdury wygadujesz? Wszyscy jesteście chyba nienormalni!

– Zapamiętaj to sobie raz na zawsze: zabraniam ci tak mówić o mojej rodzinie. Zrozumiałaś?!

– Przecież to ja jestem twoją rodziną. Czy nie jesteśmy sobie najbliżsi? – mówiłam, szlochając. Wtedy on odpowiedział twardo:

– Żon można mieć kilka, ale ojciec, matka i dzieci to jest jedna krew.

Jak to możliwe, że taka mała, zupełnie naturalna rzecz wywołała u niego gwałtowny gniew – myślałam, połykając łzy. Tej nocy nie mogłam zmrużyć oka. Zadawałam sobie pytanie, czy ten człowiek – leżący obok i odwrócony do mnie plecami – jest tym samym kochanym mężczyzną, którym był jeszcze kilka tygodni temu?

Na własnych śmieciach

Po miesiącu udaliśmy się do miasta Tobruk, gdzie Muchtar został przydzielony do jednostki wojskowej. Polecieliśmy tam samolotem późnym wieczorem. Byłam zadowolona z wyjazdu, bo miałam nadzieję, że gdy wreszcie zamieszkamy sami, z daleka od całej jego familii, nasze stosunki ulegną poprawie. Tobruk powitał nas gorącym wiatrem *ghibli* wiejącym z pustyni. Nie było czym oddychać. Najbezpieczniej wtedy schować się w domu i nie otwierać okien. Dobrze mieć wówczas klimatyzację, lecz występuje ona tylko w nielicznych libijskich domach.

Na lotnisko przyjechał jakiś kolega Muchtara, który zawiózł nas na miejsce. Droga była długa, gdyż osiedle, w którym mieliśmy zamieszkać, znajdowało się daleko za miastem. Gdy dotarliśmy na miejsce, ujrzałam szereg parterowych domów, a każdy z nich otoczony wysokim murem. Wkoło nie było w ogóle zieleni, tylko pustynny piach i pełno worków ze śmieciami, które ludzie wyrzucają tu na zewnątrz domów.

Weszliśmy do środka, gdzie uderzył mnie okropny zaduch. Mieszkanie było duże, czteropokojowe, plus dwie łazienki. Na zewnątrz ogród, tylko bez żadnej zieleni. W mieszkaniu brakowało mebli, a uwagę zwracała wielka dziura w ścianie zamiast klimatyzacji, która pierwotnie w niej tkwiła. Na podłodze we wszystkich pokojach i przedpokoju leżała brudna wykładzina, która prawdopodobnie w swoim czasie była jasnobeżowa. Na ścianach – brudne tapety w jednolitym, zielonym kolorze. W jednym z pokoi ulokowana była sypialnia z łóżkiem oraz dwa fotele, które złączyłam i położyłam na nich synka.

Kiedy już wszystko trochę ogarnęłam, zrobiło się bardzo późno, więc położyliśmy się spać. Chwilę po zgaszeniu światła usłyszałam dziwny szelest, który narastał. Zapaliłam światło i zamarłam. Po tapetach chodziły ogromne karaluchy z długimi wąsami, niektóre nawet latały. Były wszędzie – na łóżku, podłodze, w naszych rzeczach. Wyglądały obrzydliwie i było ich tak dużo, że zaczęłam krzyczeć. Obudziłam Muchtara, który – jak gdyby nigdy nic – powiedział:

– Daj mi spać i uspokój się. Co ty, nie wiedziałaś, że to jest Afryka?...

Nie potrafiłam zaakceptować obecności tych robali, a także jadowitych skorpionów i węży, które czaiły się wokół domu i potrafiły przedostać się do wewnątrz. Olbrzymie karaluchy były wszędzie. Kryły się na widok człowieka, ale w nocy urzędowały w najlepsze.

Mój mąż postanowił, że przyjedzie do nas jego siostra Aisza oraz brat Salem.

– Będzie ci raźniej – stwierdził. – Moja siostra nauczy cię, jak się gotuje niektóre potrawy. Poza tym ja mam często służbę, więc lepiej dla ciebie, żebyś nie zostawała tu sama.

– Dobrze, bardzo się cieszę, że ktoś ze mną będzie i pomoże mi – odparłam.

Za dwa dni byli już z nami. Choć nie znałam języka, próbowałam z nimi rozmawiać, zwłaszcza że Aisza mówiła trochę po angielsku. Razem gotowałyśmy obiady i kolacje, zajmowałyśmy się małym. Natomiast Salem całymi dniami leżał w salonie, czytając komiksy lub oglądając arabskie seriale. Któregoś dnia postanowiłam, że zrobimy w domu generalne porządki. Podzieliłam się pracą z Aiszą. Salemowi włożyłam do ręki chodzący odkurzacz i powiedziałam, aby posprzątał podłogi. Do dzisiaj pamiętam jego zdenerwowanie – jakbym kazała mu zrobić jakąś wielce haniebną rzecz. Aisza, gdy tylko spostrzegła zdziwionego i oburzonego brata z rurą od odkurzacza, zrobiła się czerwona na twarzy i szybko podbiegła do niego, aby odebrać mu narzędzie hańby. Bez słowa zaczęła sama odkurzać mieszkanie.

Boże, w jakim ja świecie jestem, gdzie już młodym mężczyznom wpaja się, iż należy im się pełna i bezwarunkowa obsługa ze strony ich kobiet? – pomyślałam. Byłam po prostu zgorszona. Natomiast Salem od tego wydarzenia unikał mnie i jeszcze bardziej oddawał się swojemu lenistwu.

Trafiały się też chwile przyjemne, kiedy jechaliśmy wszyscy nad morze, które jest tutaj bardzo piękne. Wprawdzie, zgodnie z tutejszymi nakazami, kąpać się mogłam tylko w ubraniu, ale i tak byłam zadowolona. Aisza siedziała w namiocie, który obowiązkowo musieliśmy rozbić. Była jak zawsze w swoim tradycyjnym muzułmańskim stroju, *żelebili*, to znaczy długim płaszczu do kostek oraz chuście zasłaniającej włosy, uszy i szyję.

– Aisza, czy nie jest ci za gorąco? – zapytałam. – Przecież tu jest czterdzieści stopni! Zdejmij chociaż tę chustę z głowy, będzie ci o wiele przyjemniej.

Spojrzała na mnie, jakbym namawiała ją do popełnienia ciężkiego grzechu.

– Nie, nigdy tego nie zrobię! Mój Bóg tego ode mnie wymaga, a Jego wola jest dla mnie najmilszym rozkazem.

Na tak wielkie słowa, i to z ust młodej dziewczyny, nie odważyłam się już odezwać.

Czas pobytu w naszym domu siostry i brata Muchtara dobiegał końca. Musieli wracać do Trypolisu, do swoich zajęć. Obydwoje jeszcze się uczyli. Postanowiłam zaryzykować i dać im list do Polski, do mojej koleżanki Żanety, która – wiedziałam o tym – starała się o przyjazd tutaj. Napisałam w nim prawdę o życiu, z jakim mam tu do czynienia. Chciałam ją ostrzec, ale dobrze by było, aby Muchtar nie znał treści tej korespondencji, bo zrobiłby mi okropną awanturę. Powiedziałam Salemowi, że to list do mojej rodziny z Polski, i że z Trypolisu szybciej dojdzie do mojego kraju. Dałam mu go przy pożegnaniu.

Udało się, wiadomość dotarła do adresatki. Ona, niestety, nie posłuchała, co zresztą przewidywałam. Ten mój list czytało później wiele osób. Stał się pamiątką i dowodem na przeżycia tamtych dni.

Mijający czas był monotonny, a pogoda upalna. Nic się nie zmieniało. Czułam, jakbym żyła w jakimś letargu. Moje dziecko źle znosiło upały, często miewało gorączkę, która pojawiała się nie wiadomo z jakiej przyczyny. Pewnej nocy, gdy byłam sama, Karim stał się bardzo rozpalony i strasznie płakał. W żaden sposób nie mogłam go uspokoić. Robiłam mu okłady z zimnej wody, lecz okazało się to mało skuteczne. Bardzo się przestraszyłam, że dzieje się z nim coś złego. Nie było na co czekać. Wzięłam dziecko na ręce i pobiegłam szukać pomocy, choćby kogoś, kto zawiózłby mnie do lekarza bądź do szpitala. Na tym pustkowiu nie było to proste. Okoliczne domki, obwarowane jak twierdze, w środku nocy pozostawały szczelnie zamknięte. Przy drzwiach wejściowych nie montowano dzwonków.

Postanowiłam szukać drogi do miasta, bo nie miałam nic do stracenia. Szłam i szłam przed siebie w zupełnych ciemnościach po suchej, gorącej równinie. Raptem okrążyło mnie stado dzikich, głodnych psów, które szczekały i co rusz podbiegały, pokazując kły. Znalazłam ogromny kij, którym oganiałam się od nich i, nie zważając na nic, podążałam naprzód. Wtem w oddali zobaczyłam światła. Przez moment pomyślałam, że to fatamorgana. Na szczęście był to samotny dom, którego mieszkańcy najwyraźniej nie spali. Zaczęłam walić w ogromną bramę. Jakiś starszy człowiek otworzył ją i bardzo się zdziwił zobaczywszy wystraszoną cudzoziemkę z dzieckiem na ręku i w środku nocy. Gestem wskazał, abym poszła za nim.

W środku znajdowały się dwie starsze kobiety, które – jak się okazało – były jego żonami. Nie zadając pytań, odebrały mi z ręki dziecko i położyły je. Następnie przyniosły jakieś zioła do picia i leki, po których mój synek zasnął. Po około trzydziestu minutach gorączka zelżała, a oddech dziecka uspokoił się. Później kobiety zajęły się i mną. Wyglądałam na półżywą ze zmęczenia i strachu. Przyniosły mi wody i mocnej, bardzo słodkiej libijskiej herbaty. Dziękowałam im z całego serca, a one mówiły, że też są szczęśliwe, mogąc mi pomóc.

Ta historia dowiodła, że wszędzie, gdzie jesteśmy, mogą znaleźć się dobrzy i życzliwi ludzie, którzy – nie bacząc na kolor skóry, religię czy przekonania – pomogą drugiemu człowiekowi. Nad ranem starszy mężczyzna i jego kobiety odwieźli nas do domu i poczekali ze mną na powrót Muchtara. Opowiedzieli mu o całym zdarzeniu, a on był im bardzo wdzięczny. Później pojechaliśmy z dzieckiem do szpitala, aby obejrzał go lekarz.

Szpital w Tobruku był bardzo zaniedbany, wręcz panował tam brud. Tłumy ludzi, kobiety z małymi dziećmi koczowały na ziemi. Było duszno i wokół rozchodził się straszny fetor. Przyszpitalna przychodnia podzielona była na część dla mężczyzn i dla kobiet z dziećmi. Stałam i czekałam z innymi kobietami pod gabinetem lekarskim. W końcu nadeszła moja kolej...

– Pani jest Polką? Jak miło spotkać rodaczkę. Skąd się pani tutaj wzięła? – zapytał z uśmiechem lekarz.

Na dźwięk polskiej mowy zrobiło mi się błogo na sercu. Jakże dawno jej nie słyszałam…

– Tak, panie doktorze. Mój mąż jest Libijczykiem. Obecnie mieszkamy tutaj, w osiedlu dla oficerów.

– Jak się tu pani podoba? – dopytywał.

– No cóż – odparłam, nie wiedząc, co odpowiedzieć. – Jest dobrze, ale brakuje mi towarzystwa rodaków – wybrnęłam z kłopotu po chwili.

– To się musi teraz zmienić. Jestem tu na trzyletnim kontrakcie, mieszkam w campie dla Polaków razem z moją przyjaciółką Anną. Mam na imię Marek.

– Bardzo mi miło, jestem Nadia.

– Proszę przyjechać do nas w piątek wieczorem na kolację.

– Dzięki, postaramy się.

– No dobrze, a teraz zajmijmy się tym młodym człowiekiem…

Na szczęście Karimkowi nic poważnego nie dolegało – męczyły go wyrzynające się zęby, no i źle znosił upały.

Muchtar zgodził się na znajomość z Polakami, uznając, że dobrze wpłyną na moją aklimatyzację w libijskich warunkach. W piątek, punktualnie o godzinie osiemnastej, byliśmy u zapoznanej pary. Okazali się bardzo przyjemnymi, bezpośrednimi ludźmi. Anna od razu mi się spodobała. Ugościli nas wspaniale. Przyjemnie było mi zjeść kolację w miłym towarzystwie. Bardzo spodobał im się mój małżonek. Nie mogli się nachwalić jego poprawnej, płynnej polszczyzny.

Muchtar uwielbiał być chwalony i doceniany, więc nasza znajomość, ku mojej wielkiej radości, miała ciąg dalszy. Zaczęliśmy się wspólnie gościć i zwiedzać pobliskie tereny – miasto oraz historyczny cmentarz polskich żołnierzy w Tobruku. Kiedyś, gdy rozmawiałyśmy same, Anna spytała mnie:

– Nadio, czy zamierzasz tutaj, i w ten sposób spędzić swoje życie?

Zaskoczyła mnie. Nie lubiłam takich pytań, bo czasem sama nie znałam na nie odpowiedzi.

– Nie wiem – odrzekłam. – Niedługo przeniesiemy się do Trypolisu. To jest stolica i wielkie miasto. Tam będzie mi się żyło lepiej – odparłam, nie do końca wierząc w swoje słowa. Przecież Muchtar bywał coraz bardziej impulsywny, czego dawniej nie zauważyłam. Nie znosił sprzeciwu, a najbardziej wściekał się, gdy coś mu wypominałam, na przykład niespełnione wcześniejsze obietnice.

Dwa miesiące później nasi polscy znajomi wyjeżdżali na jakiś czas do kraju. Kiedy przyszli się pożegnać, Anna – której dałam list do moich rodziców oraz numer ich telefonu – spytała:

– Czy chciałabyś, abym im coś przekazała?

– Przekaż im, proszę, że jestem szczęśliwa i niczego mi nie brakuje, że mam piękny dom i ogród, miłość męża i dużo przyjaciół.

– Dobrze, tak powiem. Jak sobie życzysz. W Libii dobrze jest trochę popracować, a potem wydać zarobione pieniążki u siebie w kraju. Aby żyć tu na stałe, trzeba się tu urodzić i wychować – dodała. – Przepraszam, że tak mówię, Nadio. Wiem, że nie powinnam. Do zobaczenia i bądź dzielna…

Po ich wyjeździe było mi smutno, ale musiałam wziąć się w garść, bo przecież: „Psy szczekają – karawana jedzie dalej”.

Pies – zwierzę nieczyste

Gdy wracaliśmy któregoś dnia z plaży, przed bramą wejściową naszego domu zauważyłam małego szczeniaka, który dogorywał na słońcu. Był brudny, miał zaropiałe oczy i w ogóle się nie ruszał. Myślałam, że nie żyje, ale gdy pochyliłam się nad nim, poruszył główką. Nie zastanawiając się ani chwili, zabrałam go z tego miejsca, choć Muchtar bardzo oponował.

– Zostaw tego chorego zdechlaka. Arabowie bardzo nie lubią i boją się psów. Uważają je za stworzenia nieczyste. Legenda głosi nawet, że pies ugryzł proroka Mahometa...

– Nie, nie mogę go tutaj zostawić. Nie pamiętasz, jak mówiłeś mi kiedyś, co Bóg powiedział: „Jeżeli chcesz mojego zmiłowania, to zmiłuj się nad moimi stworzeniami?".

– No dobra, ale niech on nie wchodzi do domu – odpowiedział.

– Nie będzie – przyrzekłam.

Nazwałam go Reksio. Zrobiłam mu budkę z kartonów, ale gdy byłam sama w domu, trzymałam go w pokoju. Piesek z każdym dniem odzyskiwał siły. Wniósł w moje życie dużo radości. Karim uwielbiał bawić się z nim i patrzeć na jego śmieszne harce. Za uratowanie życia Reksio odwdzięczał się wiernością, przywiązaniem i wielką czujnością.

W miesiącach zimowych, kiedy upał nie był już tak dokuczliwy, lubiłam wynosić synka przed dom, aby się tam bawił na specjalnym materacyku. Któregoś dnia po zabawie z pieskiem Karim słodko zasnął, a ja weszłam do kuchni, aby przygotować obiad. Po jakimś czasie usłyszałam szczekanie i pisk Reksia.

– Reksio, bądź cicho, bo obudzisz Karimka – nakrzyczałam na psa, ale on przybiegł do kuchni i piszczał, nie dając się uspokoić.

Zrozumiałam, że coś jest nie tak. Wybiegłam do ogrodu, a tam do mojego śpiącego dziecka zbliżał się czarny skorpion, którego ukąszenie jest śmiertelne. Nie wahając się, podniosłam z ziemi kamień i cisnęłam nim prosto w „gada", miażdżąc go i ratując Karimka. Jednak tak naprawdę uratował go Reksio.

Mniej więcej w tym czasie zaprzyjaźniłam się z Libijką o imieniu Lejla. Stała się dla mnie prawdziwą podporą i pocieszycielką. Rozumiałyśmy się dobrze. Lejla wiele lat spędziła w Europie. Jej ojciec był pracownikiem ambasady we Włoszech. Wychowała się tam, więc jej mentalność różniła się od poglądów i obyczajów miejscowych kobiet. To dzięki niej zaczęłam najpierw rozumieć arabski, a później coraz lepiej mówić w tym języku. Była cierpliwą nauczycielką.

Lejla zabierała mnie często na różne przyjęcia, na przykład z okazji urodzenia dziecka czy zaręczyn. Oczywiście wszystko odbywało się w szczelnie zamkniętym gronie kobiet, ja zaś przy okazji szlifowałam język. Poza tym była to dla mnie jakaś odmiana w monotonnym życiu. W świecie arabskim, zgodnie z powiedzeniem: „Co rok prorok", rodzi się dużo dzieci. Kobietę, która ma męża a nie posiada potomstwa, uważa się – użyję tego niełądnego określenia – za „wybrakowaną". Wszyscy współczują mężowi, że trafiła mu się taka żona, więc on pojmuje zazwyczaj następną, aby móc płodzić z nią dzieci. Uczucia tej pierwszej oczywiście się nie liczą. Tak samo dzieje się, gdy kobieta rodzi same córki – mąż próbuje wtedy spłodzić syna z następną. A wszystko to dzieje się za błogosławieństwem i przyzwoleniem Allacha. Po każdych narodzinach mają miejsce niekończące się uroczystości.

Muchtar w Tobruku odnalazł swoją rodzinę. Byli to bardzo prości i ubodzy ludzie, którzy żyli z hodowli kóz. Gościnni, przyjaźni i o złotych sercach. Ich domek był bardzo skromny, wręcz nędzny, ale za to bardzo dobrze mnie przyjęli. Odwiedzali nas też ciotka Selima, jej osiem córek i czterech synów. Zabierali się sami za gotowanie i zanim się pożegnali, pomagali mi wszystko uporządkować.

Życie z moim mężem robiło się z dnia na dzień coraz trudniejsze. Stawał się wybuchowy, impulsywny. Potrafił rzucić talerzem o podłogę lub ścianę. Denerwował go mój smutek, wyprowadzało z równowagi moje rozczarowanie, bagatelizował moje potrzeby, a także potrzeby naszego dziecka.

– Przecież mówiłaś, że mnie kochasz i chcesz ze mną mieszkać nawet w namiocie! – wypominał mi słowa, które kiedyś wypowiedziałam jeszcze w Polsce.

– To była taka przenośnia – tłumaczyłam. – Muchtarze, jeśli chcesz, żebym czuła się dobrze w twoim kraju, to nie traktuj mnie jak Libijki. Nie narzucaj mi obyczajów, które są mi obce, a niektóre wręcz niezrozumiałe – prosiłam. – Przecież jestem tą samą dziewczyną, którą poznałeś i pokochałeś, więc zrozum mnie. Jest mi ciężko tutaj samej bez moich bliskich.

– Masz tutaj mnie i to powinno ci wystarczyć – odpowiadał zirytowany. – A tutejsze obyczaje, jako żona Libijczyka, musisz zaakceptować. Im szybciej to nastąpi, tym lepiej.

Czasem przychodzili do niego koledzy i zasiadali w salonie. Wtedy musiałam robić im herbatę, kawę, a niekiedy obiad czy kolację. Nigdy nie zaproszono mnie, abym usiadła razem z nimi. Źle się z tym czułam i buntowałam się. Pewnego dnia przyszli razem z Muchtarem po pracy. Siedziałam przed domem bawiąc się z moim pieskiem. Mąż zmierzył mnie surowym wzrokiem, ale ja udałam, że tego nie zauważyłam i bawiłam się dalej. Po ich wyjściu Muchtar wpadł w prawdziwą wściekłość, wyzywając mnie od najgorszych i bezwstydnych.

– To co? Już nawet nie mogę siedzieć w ogrodzie i bawić się z psem?! – krzyczałam.

I wtedy on złapał mojego kudłatego przyjaciela i cisnął nim z całej siły o beton. Usłyszałam przeraźliwy skowyt i zobaczyłam pokrwawione ciałko, które przestało się ruszać. Podbiegłam do Reksia, złapałam i przytuliłam, a on zdążył jeszcze spojrzeć na mnie wiernymi oczami, by po chwili skonać.

Ile jest warta polska żona?

Niedługo po tym koszmarnym incydencie czekała nas przeprowadzka. Po siedmiu miesiącach spędzonych w Tobruku znów wróciliśmy do Trypolisu i do domu rodziców Muchtara. Na nasz przyjazd najbardziej ucieszył się mój teść Ahmed, który zawsze miał dla mnie wiele życzliwości. Lubił ze mną przebywać i rozmawiać. Zapraszał do wspólnego spożywania posiłków, co było nie lada wyróżnieniem. Czułam wówczas wrogie spojrzenia mojej teściowej. Na szczęście nie miała w tej kwestii nic do powiedzenia, co doprowadzało ją do wściekłości i pogłębiało niechęć do mnie. Denerwowało ją to szczególnie, gdy trafiało na dzień, który należał do niej... Według ustaleń Ahmeda jeden dzień i jedna noc należały do matki Muchtara – Fatmy, drugi zaś – do Azizy. Małżonkowie w tym czasie razem jedli, pili herbatę i dzielili łoże. Zaskarbiając sobie sympatię i uwagę teścia, pozbawiałam czasami teściową wspólnych chwil z mężem, co jest sensem życia każdej arabskiej kobiety.

Po jakimś czasie zorientowałam się, że w tutejszych rodzinach panują ściśle określone zasady. Syn, żeniąc się, wprowadza wybrankę do swojego domu rodzinnego. Jej powinnością jest usługiwać jego matce, przygotowywać posiłki dla rodziny, prać i sprzątać. Problem pojawia się, gdy synowa nie jest akceptowana przez rodzinę męża. Wówczas potrafią oni uprzykrzyć kobiecie życie, wykorzystując ją bezlitośnie. Żona najstarszego syna i brata ma trochę wyższą pozycję od pozostałych sióstr i synowych – z szacunku do pierworodnego winno się ją szanować.

To są niepisane, aczkolwiek ustalone prawa. Mnie chciano traktować jako nic nieznaczącą osobę, mimo iż Muchtar był najstarszym synem i bratem. I żeby móc tu jakoś żyć, nie mogłam sobie pozwolić na takie traktowanie. W przeciwnym razie zrobiono by ze mnie służącą bez prawa głosu. Zastanawiałam się, jak nie dać się zgnębić. Musiałam wykazać trochę sprytu. Usiadłam na materacu obok teścia, nalałam jemu i sobie jego ulubioną mocną herbatę, po czym powiedziałam głośno – tonem prawie oficjalnym i w ich języku – do jednej z sióstr Muchtara:

– Zeneb, przepierz pieluchę synowi twojego brata.

Odwróciła jednak głowę, udając, że nie słyszy. Powiedziałam więc do teścia:

– Czy mój język jest aż tak niezrozumiały?

Wtedy on dosłownie ryknął na Zeneb:

– Jak śmiesz nie wykonać tego, o co bratowa cię prosi?!

Zeneb spojrzała na mnie nienawistnym wzrokiem, lecz szybko spełniła moją prośbę. Odtąd, jak tylko mogłam, prosiłam siostry męża o różne drobne przysługi tonem nieznoszącym sprzeciwu. Na początku w obecności ich ojca, później nie było już takiej potrzeby. Źle się z tym czułam, lecz inaczej zostałabym zupełnie zdominowana, co byłoby nie do zniesienia.

Abym mogła zostać pełnoprawną mieszkanką tego kraju oraz żoną Libijczyka, potrzebny był oficjalny muzułmański ślub przed imamem. Gdy data była już wyznaczona, pojechaliśmy do jego siedziby przy meczecie w celu podpisania kontraktu małżeńskiego. Obecni muszą być przy tym świadkowie, oczywiście płci męskiej, i to z dwóch stron. W moim przypadku byli oni tylko z jednej strony. Pojechali z nami bracia Muchtara – Asad oraz Mohamed. Gdy weszliśmy, imam spojrzał na mnie ciekawym wzrokiem i zapytał:

– Jak masz na imię i skąd pochodzisz?

– Nadia, jestem z Polski.

– Twoje imię nie wywodzi się z naszej tradycji. Nie wyznajesz islamu? Nie wierzysz w boską księgę Koran?

– Owszem, szanuję waszą religię oraz boską księgę, jaką jest Koran, ale jestem chrześcijanką, a moje imię nadali mi rodzice na chrzcie.

Mina, jaką miał mój mąż, świadczyła o jego oburzeniu po tym, co usłyszał. Chciał nawet coś do mnie powiedzieć, lecz imam nie dał mu dojść do głosu.

– Moje dziecko – zwrócił się do mnie łagodnym tonem – dlaczego nie chcesz przejść na islam? To jest prawdziwa religia i kto ją wyznaje, znajdzie się w raju.

– Nie, nie chcę. Religia to nie sukienka, którą można – ot tak sobie – zmienić. Ona mieszka w ludzkim sercu, a ja na zawsze będę w nim chrześcijanką – powiedziałam po arabsku.

– Myślę, że jak Bóg zechce, to staniesz się kobietą muzułmańską – odpowiedział imam. – Będę o to prosił proroka Mahometa. Abym mógł udzielić ślubu, musisz przyjąć nowe imię. Czy twój mąż ci o tym mówił?

– Nie.

Spojrzał srogo na Muchtara i zapytał, jakie imię mam nosić.

– Amira. To po arabsku znaczy księżniczka. Podoba ci się? – zapytał imam.

– Tak, jest piękne – odpowiedziałam. – Mogę je mieć zapisane, jeśli jest takie prawo.

– A teraz pozostaje ustalić zabezpieczenie kobiety na wypadek rozwodu, tak zwane arabskie *mahr*. To jest suma pieniędzy, którą żona otrzymuje od męża na wypadek, gdyby ten zechciał ją oddalić – wyjaśnił.

– No więc, Muchtar oraz świadkowie – jaka jest ta kwota? – zapytał.

– Dwadzieścia dinarów – powiedział mój małżonek, a jego bracia zgodnie przytaknęli.

Imam spojrzał na nich lekko zdziwiony, nic nie mówiąc. Dopiero po chwili namysłu zwrócił się do mojego męża:

– Czy tak nisko cenisz kobietę, która przyjechała z tobą do obcego kraju, zostawiając swoją ojczyznę i bliźnich? Czy matka twoich dzieci zasługuje tylko na dwadzieścia dinarów?

Nastała długa cisza. W końcu Muchtar, czerwony na twarzy, bąknął, że przecież nigdy nie zechce się ze mną rozwieść. Na to imam, już wyraźnie zdenerwowany:

– Nie znasz naszych zasad? Pierwsza z nich to bycie sprawiedliwym. Być dobrym muzułmaninem, znaczy być sprawiedliwym! A gdzie ta sprawiedliwość, skoro polską żonę traktuje się mniej ważnie niż libijską! Ta cudzoziemka nie ma pojęcia o naszym prawie małżeńskim, lecz nie oznacza to przecież, iż należy coś przed nią zatajać, bo to nazywa się oszustwem. Proponuję więc jako *mahr* dla tej kobiety trzydzieści tysięcy lirów w złocie. Czy wyrażacie na to zgodę? – zapytał ostro. Nie odpowiedzieli. Skinęli tylko głowami.

Muchtar tego dnia nie odezwał się do mnie ani razu.

Muchtar porywa syna

Dni w domu moich teściów były pełne chaosu. Przewijało się sporo ludzi z zewnątrz, nie licząc własnej rodziny. Dużo z nimi przebywałam, poznawałam ich mentalność, zainteresowania, sposób bycia, a nawet pragnienia. Chodziłam na wesela, tzw. *erisy*, które trwają cały tydzień. Stawiane są wtedy dwa ogromne namioty – jeden dla mężczyzn, drugi dla kobiet. Pannę młodą na ten wielki dla niej dzień, a przede wszystkim na noc poślubną, na którą czekają zresztą wszyscy goście, przygotowuje się prawie tydzień. Rano, po nocy, do sypialni świeżo upieczonych małżonków wchodzą kobiety, a następnie wywieszają zakrwawione prześcieradło. Oznacza to, iż poślubiona była czysta, a honor rodziny został zachowany. Dziwiła mnie ta podwójna moralność: z jednej strony temat płci to dla ogółu tabu, z drugiej – ta niesmaczna ostentacja w dowodzeniu czyjejś defloracji.

Na weselach i różnych babskich spotkaniach podsłuchiwałam rozmowy na swój temat. Bawiło mnie, co mówiono, nie zdając sobie sprawy, że coraz lepiej rozumiem ich mowę. Niekiedy ujawniałam się z tym i śmiałam z ich zawstydzonych min.

W tym czasie Muchtar poszukiwał dla nas mieszkania. Chciał je kupić, ale nie było to takie proste. Mieszkań brakowało. Rzadko przebywaliśmy razem, co powodowało też konflikty. Wiedziałam, że wkrótce Muchtar dostanie miesięczny urlop. Pragnęłam wyjazdu do kraju. Marzyłam o wyrwaniu się stąd, lecz nie mogłam dać po sobie poznać, jak bardzo tego chcę. Musiałam udawać, że powoli przyzwyczajam się do tutejszych warunków, a do pełni szczęścia brakuje mi tylko mieszkania.

W końcu kupił je w bloku w jednej z arabskich dzielnic. Mieściło się na drugim piętrze. Klatka schodowa była brudna i odrapana. Widać było, że od czasu zbudowania domu nikt przy nim nic nie robił. Samo mieszkanie miało cztery pokoje i dwie łazienki. To był tutejszy standard, gdyż jedna łazienka musi być zawsze dla gości, w tym przypadku mężczyzn, i mieścić się przy pokoju dla gości męża, czyli salonie, zwanym tu *marbułą*. Do tego jeszcze mała kuchnia z balkonikiem oraz balkon przy jednym z pozostałych pokojów. Całość była bardzo zniszczona, wręcz zdewastowana, i wymagała gruntownego remontu. Po ścianach chodziły oczywiście niezniszczalne i obrzydliwe karaluchy. Ja jednak wszystko zachwalałam, udając, że mi się podoba. Głośno zastanawiałam się, gdzie postawię meble, telewizor i jakie firanki powieszę w sypialni.

– Muchtarze – mówiłam – nareszcie mamy nasz kąt. Jestem taka szczęśliwa. Tylko ten remont mnie przeraża, tyle pracy trzeba wykonać w tym upale.

– Nie martw się, moi bracia mi pomogą – odpowiadał. – Jak tylko będę miał urlop, weźmiemy się do roboty.

– Obiecałeś mi, że odwiedzę moich rodziców – ciągnęłam przymilnie wątek urlopu. – Może twój urlop wykorzystamy na wyjazd, a w tym czasie twoi bracia zrobią remont – podpowiadałam, dobrze wiedząc o niechęci Arabów do pracy fizycznej.

– Może masz rację. To dobra okazja. Zostawimy to mojej rodzinie, a sami wyjedziemy.

Od tego czasu tłumiłam emocje. Mówiłam tylko o tym, co kupię w Polsce do mieszkania i jak będę je urządzać.

Pewnego wieczoru, przy wspólnej kolacji, moja teściowa zaczęła niby życzliwym tonem:

– Jedźcie z Bogiem do Polski, ale zostawcie dziecko. Po co męczyć je podróżą?

Mój mąż, jak zawsze wpatrzony w matkę, orzekł:

– Racja, mamo. Zostawimy go w twoich najlepszych rękach.

Zamarłam. Wtedy mój teść odezwał się tonem nieznoszącym sprzeciwu:

– Nie ma mowy! Dziadkowie Karima mają prawo zobaczyć swojego wnuka!

Jakże byłam mu wdzięczna za te słowa, z którymi przecież każdy musiał się tu liczyć i nawet dorosły syn nie mógł ich podważyć.

Dni do naszego wyjazdu dłużyły się. Starałam się bardzo, aby nawet nieświadomie nie wywołać jakiegoś konfliktu. Wszyscy też bacznie mnie obserwowali. Byłam więc zawsze uśmiechnięta i pogodna, bez przerwy też mówiłam o radości z posiadanego mieszkania. Nic nie wzbudzało podejrzeń, że życie w libijskiej rodzinie nie jest dla mnie sielanką.

Być może byłoby inaczej, gdyby mój mąż nie próbował za wszelką cenę przerobić mnie na kogoś, kim nigdy nie będę. Starałam się i Bóg mi świadkiem, jak bardzo chciałam to wszystko zaakceptować i nauczyć się tu żyć. Może – gdybym otrzymała pomoc i zrozumienie – wszystko potoczyłoby się inaczej. Jednak Muchtar nie zważał zupełnie na moją naturę, na wychowanie i kulturę, w jakiej zostałam ukształtowana. Dlatego skrycie marzyłam o wyrwaniu stąd siebie i mojego dziecka.

Wreszcie nadszedł dzień wyjazdu. Na lotnisko w Trypolisie zawiózł nas teść i siostra Muchtara – Ahlam, którą zresztą darzyłam sympatią. Spędzałam z nią wiele czasu. Czułam, że i ona była mi przychylna. Samolot miał ponad godzinę spóźnienia i, choć to normalne w tym rejonie, bałam się, że wydarzy się coś niespodziewanego i nie odlecimy. Na szczęście w końcu wystartowaliśmy. Był grudzień 1989 roku. Już tylko trzy i pół godziny dzieliło mnie od spotkania z rodzicami…

Na pokładzie słychać głos stewardesy, przypominający o zapięciu pasów. Podchodzimy do lądowania na Okęciu w Warszawie. Potem odprawa paszportowa – Muchtar i mój syn mieli paszporty libijskie (polski paszport Karimka został odebrany po przyjeździe do Libii), natomiast mój miał wbitą libijską wizę pobytową. Wśród tłumu ludzi dostrzegłam ich... Moi kochani rodzice stali i wypatrywali swojego dziecka. Ich oczy były wilgotne, a po moich policzkach płynęły łzy. Łzy szczęścia i ulgi. Tylko co dalej? – myślałam już na zapas. Nie byłam pewna, co powinnam zrobić – przecież malutkie dziecko potrzebuje miłości i troski obojga rodziców.

Po przyjeździe do mojego rodzinnego Gdańska urządziliśmy powitalne przyjęcie, na które zaproszona została cała moja rodzina. Wszyscy zadawali mi pytania: „Jak ci się tam żyje?", „Czy jesteś Europejką, czy może już Arabką?". Na to ja niezmiennie odpowiadałam: „Jest mi tam wspaniale. To piękny kraj, w którym rośnie ogromna ilość owoców, na czele z uwielbianymi przeze mnie od dziecka pomarańczami". Nie mogłam i nie chciałam powiedzieć prawdy. Nie zniosłabym słów: „A nie mówiliśmy, że to nie życie dla Polki!". Moi rodzice, choć nie dawali po sobie poznać, czuli jednak, że coś jest nie tak...

Muchtar tu, w Polsce, znów odgrywał rolę troskliwego i kochającego męża w europejskim stylu. Gdy dawniej mówiono mi, że Arabowie w swoim kraju zmieniają się o sto osiemdziesiąt stopni, nigdy nie wierzyłam. Myślałam wtedy, że to tylko złośliwości i takie tam, ludzkie gadanie. Ależ byłam w błędzie.

Święta Bożego Narodzenia przebiegły w dość miłej atmosferze, Nowy Rok także. W mojej głowie kłębiły się jednak myśli niedające mi spokoju. Zbliżał się już termin powrotu, bo Muchtar dostał tylko miesiąc urlopu. Cały czas był spięty, widział, jak bardzo jestem zżyta ze swoim tutejszym światem, jak każdego dnia raduję się pobytem w kraju, z radością chodzę na spacer po moim mieście czy osiedlu. Upajałam się wolnością, którą on ograniczał, i wdychałam pełną piersią mroźne nadmorskie powietrze. Mój mąż bał się tego. Codziennie widziałam niepokój w jego oczach. Czułam, że żałuje, iż nas tu przywiózł. Tylko o co się bał – że nie wrócę i ucierpi na tym jego męskie ego?

W ostatnich dniach pobytu Karim bardzo się przeziębił i w nocy miał wysoką temperaturę. Kaszlał, bolało go gardło. Wezwaliśmy pogotowie. Lekarz stwierdził silną anginę, zapisał antybiotyki i kazał mu przez jakiś czas leżeć w łóżku. Zalecił wizytę u laryngologa, gdyż migdałki dziecka były bardzo przerośnięte. Odradzał na razie daleką podróż z chorym dzieckiem. Sugerował, abyśmy przełożyli swój powrót do wyzdrowienia małego.

– Niestety, to niemożliwe – powiedział definitywnie mój mąż. – Nie możemy zostać dłużej, gdyż kończy się mój urlop i muszę być w pracy.

– Ale ja mogę – odparłam. – W tej sytuacji nie mamy wyjścia. Po prostu przebukujesz dwa bilety na inny termin – powiedziałam jednym tchem. Jego oczy stały się zimne i niebezpieczne, a w głowie zapewne rodził się plan.

Gdybym tylko umiała czytać w jego myślach! Naiwnie wierzyłam w miłość. Miałam nadzieję, że jeśli zostanę w Polsce i powiem Muchtarowi, że nie mogę i nie potrafię żyć tam, u niego, to uzna, że przecież możemy być szczęśliwi w innym miejscu na świecie, zatęskni za nami i przyjedzie. O święta naiwności!

Za trzy dni mieliśmy udać się z Karimem do przychodni na kontrolę. Niestety, ja nie mogłam pójść, gdyż widocznie zaraziłam się od dziecka i bardzo bolało mnie gardło. Poszła moja mama z Muchtarem. Wracając od lekarza, mąż poprosił ją, aby zrealizowała receptę w aptece, a on synka szybciej zabierze do domu. Właśnie wtedy zaczął realizować swój przebiegły plan. Nie pojawił się już w domu i zniknął gdzieś z chorym dzieckiem. Kiedy mama wróciła, pełna złych przeczuć zapytałam:

– Gdzie oni są?!

Nie uwierzyła, że nie wrócili i powiedziała łamiącym się głosem:

– Przecież Muchtar chciał jak najszybciej zabrać małego, on miał gorączkę, lekarka stwierdziła ropną anginę.

Pociemniało mi w oczach. Prawie wpadłam w panikę, ale mózg pracował na pełnych obrotach. Byłam pewna, że uprowadził mi syna. Okazało się też, że zginęły z domu nasze paszporty i bilety. Wybiegłam na osiedle, szukałam ich po przystankach autobusowych i postojach taksówek, zaczepiałam przechodzących ludzi, pytając ze łzami w oczach, czy przypadkiem ktoś nie widział ciemnego mężczyzny z małym chłopcem w wózku spacerowym. Niestety, bez rezultatu – przepadli jak kamień w wodę.

Bezradna wróciłam do domu. Potem razem z ojcem poszłam na policję, by zgłosić porwanie dziecka. Zaczęły się poszukiwania, lecz bez rezultatu. I wtedy pojawiła się myśl: należy ich szukać w Warszawie na lotnisku, bo przecież jutro, czyli w czwartek, odbywa się regularny lot do Trypolisu. Jeśli są jeszcze na terytorium Polski, istnieje ostatnia szansa na odzyskanie dziecka.

Do Warszawy dotarłam wraz z rodzicami samochodem późno w nocy. Natychmiast zaalarmowana została służba graniczna oraz służba celna. Samolot do Trypolisu miał lot zaplanowany na piętnastą trzydzieści. Wszystkie stanowiska, które zajmowały się odprawą, dostały powiadomienie o próbie wywiezienia dziecka. Teraz pozostawało czekać i prosić Boga, abym się nie myliła. Godziny i minuty wlokły się niemiłosiernie. Byliśmy wykończeni, lecz ja nie czułam zmęczenia. Słyszałam tylko mocne bicie serca.

Zobaczyłam ich dwie godziny przed odlotem. Muchtar szedł górnym pomostem dworca lotniczego. W pierwszej chwili chciałam podbiec i wyszarpnąć moje dziecko, lecz zdałam sobie sprawę, że to pogorszyłoby tylko sytuację. Nie mogłam działać pochopnie. Musiałam wytrzymać. Stałam w ukryciu i czekałam. Po pewnym czasie udali się do odprawy paszportowej. Czyżby to już koniec – ostatnie spojrzenie na moje dziecko? Wtedy usłyszałam, że mój małżonek, pod jakimś formalnym pozorem, proszony jest na zaplecze. Ja też zostałam tam skierowana. Podbiegłam i przytuliłam Karimka, a w jego oczach zobaczyłam radość. Złapał mnie kurczowo za szyję, jakby wiedział, co się wokół niego dzieje.

Zdenerwowany, wściekły Muchtar krzyczał na obsługujących odprawę, żądając rozmowy z przedstawicielem swojego kraju. Po niedługim czasie pojawił się jakiś pracownik ambasady. Zaczął wyjaśniać, iż wszystko odbywa się zgodnie z prawem. Dziecko jest libijskie, mieszka z ojcem w jego kraju, a mężczyzna wraca z urlopu do domu.

– Tak to właśnie wygląda – podkreślił na koniec.

Zaczęłam krzyczeć, że nikt nie ma prawa pozbawić matki dziecka. Coraz bardziej jednak czułam, że moje szanse są nikłe. Myślałam, że zapadam się w jakąś ciemność, gdy usłyszałam zimny głos Muchtara:

– Daję ci ostatnią szansę. Masz pięć minut – albo lecisz ze mną i będziesz żyła na moich warunkach, albo ostatni raz patrzysz na swojego syna, bo nigdy więcej go nie zobaczysz. Dam ci minutę na pożegnanie się z nim na zawsze. Lepiej wykorzystaj tę minutę na pożegnanie swoich rodziców, bo więcej cię już nie ujrzą.

To były okrutne i najgorsze chwile w moim życiu. Bezwzględna decyzja, jaką musiałam natychmiast podjąć. Z jednej strony moi zrozpaczeni rodzice, z drugiej – moje małe i bezbronne dziecko. Spojrzałam na nie jeszcze raz i nie potrzeba mi było więcej czasu. Żegnaj Polsko, żegnaj mamo i tato! Wybaczcie mi.

Nie mogłam wtedy postąpić inaczej. Oczywiście, nie powiedziałam im całej prawdy, do czego tam wracam, bo mogłaby ich zabić. Czy przeczuwali, że długo mnie nie zobaczą? Patrzyłam na uciekający widok warszawskiego lotniska.

Lot dłużył się, ale nie chciałam, aby się skończył. Bałam się, nie wiedziałam, co będzie. Zdawałam sobie sprawę, że moje położenie stało się beznadziejne. Czy potrafię być na tyle silna, żeby tam wytrzymać i wychowywać moje dziecko tak, aby nie ucierpiało? Te myśli nie dawały mi spokoju. Byłam wyczerpana i przygnębiona. Zamknęłam oczy, a gdy je otworzyłam, samolot schodził do lądowania w Trypolisie.

Koleżanki muzułmanki

Znowu zamieszkaliśmy z rodziną Muchtara. Nasze mieszkanie nie było jeszcze gotowe, co dało się przewidzieć, znając zapał do pracy tutejszych ludzi. Mój mąż zaczął mnie zupełnie ignorować, co wszyscy od razu zauważyli. Było to dla mnie bardzo niekorzystne, bo gdyby rodzina uznała, że mąż mnie nie szanuje, zaczęliby mną gardzić. To bardzo smutne, ale jakże prawdziwe w tej części świata. Wiedziałam, że muszę zachować pozory – nie mogłam dopuścić, żeby ktokolwiek dowiedział się o tym, co wydarzyło się między nami w Polsce. Zachowywałam stoicki spokój, a nawet okazywałam beztroskę. Byli zdezorientowani, bo tę sztukę opanowałam już do perfekcji.

W końcu nadszedł dzień przeprowadzki do naszego mieszkania. Udawałam pozorną radość, choć tak naprawdę miałam w sercu wielką ranę. Nie mieliśmy wielu mebli: kuchnię zakupioną w ZSRR i lodówkę – także stamtąd, trzy rosyjskie dywany oraz sypialnię z wielkim małżeńskim łożem, którą Muchtar sprowadził z Włoch. Poza tym nieodzowne materace, które służą Libijczykom zarówno do spania, jak i do siedzenia. Jest to stały element wyposażenia arabskich domów.

Zaraz po wprowadzeniu się zauważyłam, że moje sąsiadki dyskretnie i z zaciekawieniem obserwują mnie, czekając tylko na moment, kiedy mój mąż opuści dom, żeby złożyć mi wizytę. Libijska kobieta stara się nie przychodzić do obcego domu, gdy przebywa tam mężczyzna. A zatem, jak tylko zostałam sama, przyszły wszystkie – odwiedzić i oczywiście zaspokoić swoją ciekawość. Jedna przez drugą zadawały mi mnóstwo pytań, na które starałam się w miarę możliwości odpowiadać lub też wymijająco odpowiedzi unikać, na co – jako cudzoziemka – mogłam sobie pozwolić. Nie chciałam ich w żaden sposób do siebie zrazić, co w mojej sytuacji było ważne.

Naprzeciwko moich drzwi mieszkała Libijka Neżmija z dwójką dzieci, która aktualnie była w ciąży z trzecim. Miała chorą, spuchniętą nogę wskutek niewłaściwego wstrzyknięcia jakiegoś leku. Jej mąż często krzyczał na nią, co było słychać na klatce schodowej. Był niesympatyczny, więc wszyscy omijali go z daleka. Na następnym piętrze mieszkał kawaler, Haled, poszukujący odpowiedniej dla siebie żony. Jeszcze wyżej – Palestyńczyk i jego dwie małżonki: Palestynka Abira z sześciorgiem dzieci oraz Egipcjanka Socha z czworgiem. Poniżej urządziły się jeszcze dwie libijskie rodziny i pakistański lekarz, z którego mieszkania dochodziły dziwne kulinarne zapachy. Jak się później okazało, były tam warzone potrawy z… kotów. Na parterze zajmowali mieszkanie Hindusi, którzy nie wyznawali islamu, a ponieważ byli chrześcijanami, nieraz w ich okna rzucano kamieniami, zaś ich dzieci nie mogły swobodnie bawić się na zewnątrz.

W tym kraju nie istnieje coś takiego jak funkcja dozorcy bloku, administracja czy osoba odpowiedzialna za sprzątanie klatki schodowej. Sami mieszkańcy, oczywiście w tym przypadku wyłącznie kobiety, próbują dbać o porządek. Nikt jednak tego nie wymaga. Często brud nikomu nie przeszkadza, więc wspólne powierzchnie bloków pełne są śmieci, które znoszą bawiące się tu dzieci. Wszędzie obecny jest też piach. U nas jednak raz w tygodniu kobiety uzbrojone w miotły i ścierki pukały do drzwi, informując, że już czas na porządki. Na początku nie pojmowałam tego zwyczaju, ale potem z chęcią uczestniczyłam we wspólnym sprzątaniu. Zauważyłam, iż moje sąsiadki zaczęły mnie akceptować. Powoli uznawały, że – chociaż jestem Europejką – podzielam ich los. Współczuły mi nawet, że nie mam tu swojej rodziny.

Raz na jakiś czas spotykałyśmy się u jednej z nas na herbatce, oczywiście pod nieobecność naszych mężów, i rozmawiałyśmy na babskie tematy. Kobiety opowiadały o sobie, nawet o bardzo intymnych sprawach. Chyba w ten sposób czuły się przez moment wyzwolone. Mnie także wypytywały o moje pożycie intymne z mężem. Odpowiadałam bardzo zdawkowo i oszczędnie ku ich niezadowoleniu. Niezmiennie też pytały mnie, dlaczego nie jestem muzułmanką. Żadne moje argumenty nie docierały do nich. Za wyjątkiem jednego: „Słuchajcie, nie przyjęłam islamu, gdyż wraz z przejściem na tę religię musiałabym akceptować to, że mój mąż ma prawo wziąć sobie następną żonę i być może potem jeszcze jedną, i jeszcze następną... A tego moja duma i godność by nie zniosła. Będąc zaś chrześcijanką, mam prawo nie godzić się na to". Nie było to tak dokładnie, gdyż wyłącznie mężczyzna decyduje tutaj o liczbie żon w związku. Moja argumentacja jednak działała. Wreszcie dały mi spokój i więcej nie namawiały do nawrócenia. Mimo starań i dobrych chęci, czułam się wśród nich dość obco. Wielkie znaczenie miała bowiem różnica kultur i mentalności.

Pewnego dnia, stojąc na balkonie u Nażmiji, sąsiadki z naprzeciwka, opowiadałam jej, jakie życie wiodą dziewczęta i kobiety w Europie.

– U nas nie ma różnicy pomiędzy płcią – mówiłam. – Dziewczęta, tak samo jak chłopcy, spacerują, grają, jeżdżą na rowerze, zimą na sankach bądź nartach. Bawią się wspólnie w dyskotece i nikt ich o nic nie oskarża. A tu nawet biedne kilkuletnie dziewczynki są chowane za murami domów, szczelnie za nimi poukrywane. Odmawia się im normalnego dzieciństwa, a dziewczętom młodości. Czy robi się coś, aby to zmienić? – zapytałam.

Nażmija zamyśliła się. Jej czarne oczy zrobiły się bardzo smutne. Po chwili odrzekła:

– My, kobiety, jesteśmy jak ptaki w swoich klatkach. Musimy pięknie śpiewać, lecz nie wolno nam ich opuścić.

To piękne porównanie, jakże trafnie oddające tutejszą rzeczywistość – pomyślałam. Moje życie stało się podobne do życia tutejszych kobiet, z tą jednak różnicą, że nie mam tu swoich bliskich – kogoś, komu mogłabym się poskarżyć i kto stanąłby w mojej obronie. Jestem „polską Arabką" – to znaczy jeszcze bardziej bezbronną na zadawanie krzywdy niż tutejsze kobiety. Mój mąż stał się dla mnie władzą absolutną. Z każdym dniem jest coraz bardziej wymagający i wiecznie obrażony. Zaczyna też wyładowywać na mnie swoje furie. Nie umiemy już ze sobą normalnie rozmawiać. Zostaję na całe dnie i pół nocy sama. Niszczy moje ciało, a co gorsze – duszę i serce. To boli w każdy możliwy sposób…

W tych ciężkich chwilach poznałam Latifę, która stała mi się wówczas bardzo bliska. Była Marokanką z Casablanki. Pochodziła z biednej, wielodzietnej rodziny. Przyjechała do Trypolisu „za chlebem", bo w Maroku ciężko było znaleźć pracę za godziwe pieniądze. Przyjeżdżając do Libii, zdawała sobie sprawę, że jako samotna, niezamężna kobieta nie znajdzie tutaj uznania. Takie jak ona traktowane są niczym kobiety lekkich obyczajów, które przyjechały tylko po to, aby złapać bogatego Libijczyka na męża. I owszem, niektórym się to udawało, gdyż nie były ani wymagające w kwestii posagu, ani kłopotliwe w razie ewentualnego rozwodu. Marokanki posiadają wielki wdzięk i urok. Są też oddane swoim mężom i rodzinie. Taka właśnie była Latifa. Mimo to, w rodzinie jej męża Kamala, pogardzano nią. On sam zresztą wcale nie traktował jej lepiej – poślubił ją z egoizmu i sknerstwa, zapewniając sobie wygodne życie i pełną obsługę ze strony marokańskiej żony. Latifa znosiła to dzielnie, między innymi dzięki jej muzułmańskiemu wychowaniu, które nakazuje kochać i szanować męża ponad wszystko.

Mieszkała piętro wyżej z mężem i swoją trzyletnią córeczką Holud. Zaprzyjaźniłyśmy się i zwierzałyśmy wzajemnie z trosk. Mówiłam jej, że staram się zaakceptować swoją sytuację – stać się tutejszą kobietą, wymazać myśli, uczucia i tęsknoty. Cóż z tego, kiedy serca nie można oszukać. Mówiłam o swojej tęsknocie za rodziną i krajem, i że coraz mniej jest we mnie nadziei, iż mój los kiedykolwiek się odmieni.

Wesele przez łzy

Kiedy byłam w Polsce, udało mi się pójść do ginekologa. Chciałam, aby założył mi wkładkę antykoncepcyjną. Nie planowałam mieć więcej dzieci, gdyż nie wiedziałam, jaki czeka nas los. Spirala miała działać przez pięć lat. Pewnego dnia mój mąż zadał mi pytanie:

– Dlaczego ty nie zachodzisz w ciążę?

– Nie wiem – odpowiedziałam – widocznie Allach tak kieruje, że nie mamy drugiego dziecka.

– Nie, to nie Allach, lecz ty musisz być chora i powinnaś zacząć się leczyć. Nie chcę, aby mój syn był jedynakiem.

Przeraziłam się.

– Poczekajmy – odrzekłam. – Wielu parom się zdarza, że nie mogą mieć dzieci przez pewien czas, a później rodzą im się kolejne.

– Dobrze, poczekajmy jeszcze trochę – odpowiedział zafrasowany. – Ale jak nic z tego nie będzie, to załatwimy ci najlepszych specjalistów.

– Zgoda – powiedziałam, sama nie wiedząc, na co liczę.

I tak mijały dni, tygodnie, miesiące. Czasem popadałam w niszczącą mnie apatię, leżałam na łóżku, tępo patrząc w sufit. Nie reagowałam już tak panicznie na biegające karaluchy, słoną wodę w kranie albo jej zupełny brak. Wodę słodką do picia trzeba było nosić ze specjalnej studni. W gorących miesiącach, a jest ich tutaj dziewięć, ciało aż lepiło się od potu. Bywało, że od takiej temperatury miałam ciemno w oczach. Wtedy zanurzało się materace w zimnej wodzie i leżało na nich.

Czasem tę monotonię przerywały wesela, pogrzeby lub narodziny dziecka. Arabowie szczególnie radośnie przeżywają pojawienie się każdego kolejnego syna, a zostanie potomkiem męskim jest tu dla nowo narodzonego błogosławieństwem od losu. Potem chłopiec przechodzi obrzezanie. Ten dzień jest także świętem, podczas którego wyprawia się ogromne przyjęcie. Za każdym razem, gdy w rodzinie lub u znajomych odbywał się ten rytuał, zaczynałam drżeć na myśl, iż może to spotkać również moje dziecko. Nie chciałam nawet uczestniczyć w tego typu przyjęciach także i dlatego, aby nie słyszeć ciągłych pytań ludzi, czy mój syn – zgodnie z tradycją – został już obrzezany. Muchtar dobrze znał ten mój paniczny lęk, więc omijał temat. Omijał, to nie znaczy, że tematu nie było. Mój mąż był przecież stuprocentowym wyznawcą islamu.

Jeśli zaś chodzi o tutejsze wesela, to trwają blisko tydzień. Są radosne, dużo w nich arabskiej muzyki i tańca. Stawia się wtedy dwa ogromne namioty: jeden przy domu panny młodej, zwanej *arusą*, a drugi u pana młodego. Mężczyźni nie bawią się oraz nie przebywają razem z kobietami. W ostatnim dniu takiego wesela przywożą pannę młodą – wraz z podarunkami, jakie otrzymała od narzeczonego i jego rodziny – do domu męża. Tam, pod koniec uroczystości weselnej, przy akompaniamencie muzyki i śpiewie, zaprowadzona zostaje do sypialni, aby spędzić swoją pierwszą noc poślubną. Nazajutrz starsze kobiety z rodziny idą do pokoju nowożeńców, aby przynieść i okazać pozostałym gościom dowód niewinności i czystości poślubionej. Zaczynają się okrzyki i śpiewy oraz radosne uderzenia w bębenki *tarbuki*. Na prześcieradle widać ślady krwi, a więc honor nie został splamiony! Niech żyje panna młoda, a Allach niech im wynagrodzi w wielu synach!

Ojciec mojego męża pochodził ze Zliten – małej i ubogiej wioski beduińskiej. Głównym zajęciem jej mieszkańców była hodowla kóz i owiec. Rodziny były tu liczne i wielopokoleniowe. Kobiety pracowały od świtu do nocy, nie zważając, w jakim stanie się znajdują – błogosławionym, czy nie. Muchtar bardzo liczył się ze swoją rodziną, stawiając ją na pierwszym miejscu i powtarzając często, iż: „ojciec, matka oraz dzieci to moja krew, natomiast żon można mieć kilka". Gdy tylko usłyszał radosną nowinę, iż jego kuzyn ze strony ojca bierze sobie młodą kobietę za żonę, wpadł w zachwyt.

– Moja droga polska żoneczko – wołał – czy wiesz, że mój kuzyn ze Zliten, Abdul-Rezak, wyprawia wesele?! Koniecznie musimy tam pojechać, aby mu pogratulować.

– To wspaniale – odrzekłam, starając się, aby i mnie udzielił się ten wesoły nastrój. – Cudownie, że twój kuzyn układa sobie życie. Jeśli dwoje ludzi chce być razem, to należy im życzyć szczęścia.

– Głupoty gadasz – ostudził mój zapał Muchtar. – Abdul-Rezak nie ma potrzeby układania sobie z kimkolwiek życia, po prostu jego pierwsza żona Mariam rodzi mu same córki. Ma ich już siedem, a na domiar złego zaczęła mieć problemy z zajściem w kolejną ciążę. To co on ma zrobić?! Arab pragnie mieć syna. Bóg Allach dał mu na to pozwolenie.

– Och, jakże nieszczęśliwa musi być ta Mariam, jakie czuć upokorzenie – głośno jej współczułam.

– Ona nie ma nic do gadania. Jest tylko kobietą, a więc istotą podrzędną i nie ma prawa sprzeciwić się woli swojego męża. Mogła rodzić synów, kto jej kazał wydawać na świat same dziewczynki...

– Ty chyba nie mówisz tego poważnie – zaczęłam się denerwować, ale mój arabski małżonek zignorował moje pytanie i nie powiedziawszy ani słowa, wyszedł z domu.

Myślałam o tej kobiecie, którą ma poślubić kuzyn Abdul-Rezak. Kim jest i dlaczego jest taka bezduszna, aby odebrać męża innej, narażając ją na takie upokorzenie? Nie zdawałam sobie wtedy sprawy, jak bardzo się mylę...

Minął tydzień i nadszedł czas wyjazdu do Zliten. Podróż miała być dość daleka i w upale, więc wolałam, aby Karim został w Trypolisie, w rodzinnym domu Muchtara, pod opieką jego sióstr. Przyzwyczaił się do nich, nie było zatem większego problemu. Podróż do Zliten okazała się nieznośna, wiał gorący wiatr z pustyni, nawet ślina w ustach zasychała. Ubranie przywierało do ciała, czułam, że mnie parzy, do tego trudno było złapać oddech. Krajobraz był prawie pustynny, gdzieniegdzie tylko rosły daktylowe palmy i figowe krzewy, poza tym nic – jedynie ta wszechobecna, pomarańczowa, wypalona ziemia.

Siedziałam w milczeniu na tylnym siedzeniu samochodu wpatrzona w widok za oknem. Kierowcą był mój mąż, obok niego siedział jego młodszy brat Salach. W arabskiej kulturze kobieta – jako „istota niższego rzędu" – nie może zajmować miejsca przed mężczyzną i zawsze podąża krok za nim. Dla Arabek jest to normą, mnie zawsze wprawiało w zakłopotanie i źle się z tym czułam.

Po kilku godzinach jazdy byliśmy na miejscu. Zobaczyłam skromne chatki, wokół których bawiło się mnóstwo małych dzieci, przeważnie chłopców. Dziewczynkom od najmłodszych lat wpaja się, iż nie mogą robić tego, co ich bracia czy kuzyni. Zdarza się, że już kilkuletnie nie mogą same opuszczać domu, czyli na przykład bawić się na podwórku. Uczy się je lub wręcz tresuje do bezwzględnego posłuszeństwa i służenia męskim potomkom rodu. Najpierw jest to ojciec, brat, a w przyszłości mąż.

Gdy wysiedliśmy z samochodu, mężczyźni z rodziny wyszli, aby się przywitać – w pierwszej kolejności z Muchtarem i jego bratem, a na końcu ze mną. Muchtar kazał mi szybko wejść do domu, do części przeznaczonej dla kobiet i dzieci.

Mariam, żona Abdula-Rezaka uściskała mnie serdecznie, a po niej inne kobiety z rodziny. Natychmiast nastawiły czajniczek na herbatę. Po Mariam nie było widać specjalnego żalu, może była nieco przygaszona. Świadczyłoby to, że pogodziła się już ze swoim losem. Nawet jej teściowa Nurija, czyli matka Abdula, nie mogła niczemu zapobiec, choć matka w życiu Araba ma szczególne miejsce i szacunek. Nurija była akurat zacną kobietą o gołębim sercu, a raczej – jak się tu mówi – *gelb obied*, co znaczy „o białym czystym sercu". Kochała swoją synową, wnuczki i życzyła im jak najlepiej. Była starszą siostrą mojego teścia i nieraz opowiadała mi, jak rozpieszczała swojego braciszka.

Na kolację podano tradycyjny *bazin* – ulepioną z ciemnej razowej mąki i ugotowaną kulę, obtoczoną sosem z musem i warzywami. Spożywa się ją rękoma, odrywając kawałek po kawałku i maczając w sosie pomidorowym – oczywiście mężczyźni w osobnym pomieszczeniu, a kobiety w części domu przeznaczonej dla nich. Wszyscy jedzą z jednej wielkiej miski. Woda podana do popicia jest nalana do jednej *malgi*, czyli dzbanka. Z początku do takiego sposobu jedzenia byłam nastawiona negatywnie, później jednak zrozumiałam, że wyraża on także gościnność i sympatię.

Po kolacji wszyscy wygodnie rozsiedli się na materacach, podpierając poduszkami i zaczęła się konwersacja na temat przygotowań do uroczystości weselnej. Kobiety entuzjastycznie opowiadały o strojach, potrawach, różnych słodkościach. Tylko Mariam siedziała milcząca z boku, przysłuchując się rozmowom. Wydawała się jakby nieobecna. Zbliżyłam się do niej, chciałam coś powiedzieć, ale zupełnie nie miałam pojęcia, jakie słowa byłyby odpowiednie. Złapałam ją tylko za rękę w geście wskazującym, iż rozumiem, co czuje. Spojrzała na mnie dużymi czarnymi oczami, w których dostrzegłam ukryte łzy. Łzy, które nie mogą wypłynąć, a pieką, są bezsilne i daremne. Łzy muzułmańskiej kobiety.

– Dziękuję, że przyjechałaś – usłyszałam. – Wiem, że w twoim kraju nie tak wyglądają zaślubiny. Ale my, kobiety, mamy już taki los, taka jest nasza wiara, tak każe nam święty Koran. Nasze uczucia nie są ważne, musimy godzić się z wolą Boga i jego proroka.

– Bóg nie chce niczyjego cierpienia i smutku – odrzekłam. – To ludzie, a ściślej mężczyźni, tak chcą. To niesprawiedliwe.

– Nadio, to twój Bóg chrześcijan jest inny od naszego?

– Nie, Bóg jest ten sam dla wszystkich ludzi, tylko oni różnie Go odbierają.

Nie chciałam jej niczego więcej tłumaczyć. Burzyć czegoś, co jest tu nie do zburzenia. Tutaj życie toczy się według praw islamu.

– Druga żona mojego męża ma na imię Selima i jest daleką krewną Abdula-Rezaka – kontynuowała Mariam. – To rozwódka, którą mąż oddalił z powodu tego, że nie potrafiła tak dobrze gotować, jak jego matka. Jest młoda, ma dziewiętnaście lat i czteroletnią córkę. Jeśli chcesz ją poznać, to moja córka Mażda zaprowadzi cię do jej domu, bo jutro w czasie wesela nie będziesz miała okazji.

– Nie będziesz miała do mnie żalu, że chcę zaprzyjaźnić się z żoną twojego męża? – spytałam niepewnie.

– Żalu? – odpowiedziała zdziwiona. – Nie, nie będę miała. To młoda kobieta, która przechodzi teraz bardzo ciężkie chwile w swoim życiu.

W rodzinnym domu Selimy panował gwar, czuć było radosną atmosferę związaną z jutrzejszym dniem. Nie co dzień wydaje się córkę za mąż. Do tego córkę, która jest „wybrakowaną" kobietą, jak mówi się tu na żony odprawione przez swoich mężów. W kulturze arabskiej to sytuacja hańbiąca. Żona wracająca na łono rodziny zajmuje najniższą pozycję w rodzinnej hierarchii. Nie ma szans na normalne życie, pracuje w domu rodziców bez prawa głosu i słowa sprzeciwu. Uważana jest nawet za złą, nieposłuszną kobietę, która nie potrafiła należycie i z szacunkiem dbać o swojego męża i jego rodzinę. Jednak Selima była już w oczach rodziny wielką szczęściarą – mimo że „towar z drugiej ręki", to znalazła mężczyznę, który ją poślubi, zwróci honor, a jej ojcu zabierze z domu kłopotliwy ciężar. Mało która rozwódka tak dobrze trafia. Kobiety, które nie są dziewicami, mogą liczyć wyłącznie na bycie drugą, trzecią lub czwartą żoną. Selimy nikt oczywiście o zdanie nie pytał. Nie znała i nie widziała nigdy wcześniej swojego krewnego Abdula-Rezaka. Wiedziała tylko, że jest dużo starszy i ma rodzinę.

Przywitałam się z domownikami wylewnie, jak to w tutejszym zwyczaju. Radość gościła na wszystkich twarzach, widać, jak ważne i radosne było to dla nich wydarzenie. Po wypiciu kilku szklaneczek zwyczajowej herbatki zapytałam, gdzie jest panna młoda.

– Jest w swoim pokoju – odpowiedziano niemal chórem.

– Zaraz ją zawołam – odezwała się, nieco zmieszana, jej matka.

– Ona jest trochę chora i boli ją głowa, no i oczywiście przeżywa radosny dzień oraz zmianę swojego stanu – dopowiedziała inna kobieta.

– Nie, nie wołajcie – zaoponowałam. – Jeśli mogę, to sama do niej pójdę, aby ją poznać i przywitać się.

– No oczywiście, zaraz cię do niej zaprowadzimy.

Po chwili wskazali mi odrapane drzwi w głębi małego korytarza. Lekko zapukałam. Odpowiedziała mi cisza. Jeszcze raz i znowu to samo. Ostrożnie nacisnęłam klamkę, drzwi były otwarte. Weszłam po cichu do środka. Wewnątrz panował półmrok i słychać było łkanie. Zbliżyłam się do kąta pokoju, gdzie stało stare, drewniane łóżko, a na nim leżała zwinięta w kłębek młoda kobieta z chustą zsuniętą na oczy. Zobaczyłam, że mocno tuli do siebie małą dziewczynkę, która słodko śpi w jej ramionach. Podeszłam i delikatnie dotknęłam jej ręki. Podniosła głowę. W jej zapłakanych oczach ujrzałam lęk i zdziwienie, jakby zobaczyła zjawę. Musiała być zaskoczona, widząc przed sobą obcą kobietę, w dodatku nie Arabkę.

– Witaj, Selimo. Jestem żoną Muchtara, kuzyna twojego przyszłego męża. Mam na imię Nadia i pochodzę z Polski – mówiłam, a mój arabski był już na tyle dobry, że mogłam się nim posługiwać. Odkąd zaczęłam rozumieć i mówić po arabsku, czułam się o wiele pewniej.

– Nie znam cię – odpowiedziała.

– Przyjechałam na twoje wesele. Musisz być chyba szczęśliwa – mówiłam, sama w to nie wierząc.

Usiadła na łóżku i dopiero teraz wyraźnie dostrzegłam jej smutek.

– Twoja córeczka tak słodko śpi. Musisz być z niej dumna, jest taka śliczna.

– To Nażad, kocham ją nad życie – powiedziała, wybuchając płaczem.

– Selimo, co się stało? Czy ona jest chora? Jak mam ci pomóc? Może potrzebuje lekarza? – zaniepokoiłam się.

– Ona nie jest chora. Ona od jutra nie będzie już miała jedynej osoby, która ją kocha ponad własne życie. Od jutra ta mała niewinna istotka nie będzie miała matki – mówiła, szlochając.

– Co ty mówisz i co chcesz zrobić? – jeszcze nie rozumiałam, o czym mówi ta kobieta.

– Jutro z samego rana przyjdą po nią i zabiorą mi ją na zawsze – mówiła, nie przerywając płaczu.

– Zabiorą? Ale dlaczego, co ty mówisz… Przecież nikt nie zabiera matce dziecka, a tym bardziej teraz, kiedy twoja sytuacja radykalnie się zmienia.

– Tak. Właśnie dlatego, że wychodzę za mąż, rodzina mojego byłego męża odbiera mi moją córeczkę. Nie chcą pozwolić, aby inny mężczyzna, niebędący jej ojcem, wychowywał ją i łożył na jej utrzymanie. To godziłoby w honor mojego pierwszego męża i jego całego rodu.

Byłam przerażona – honor rodziny, honor mężczyzny ponad wszystko?! Ponad miłość, uczucia i przede wszystkim dobro dziecka? Taki wyrok bez sądu, bez zadawania pytań stronom? A skazaną zostaje matka i jej niewinne dziecko…

Potem przez całą noc rozmawiałam z Selimą, szukając dla niej słów pocieszenia, których nie udało mi się jednak znaleźć. W końcu zasnęłyśmy, kiedy już było widno. Mała Nażad obudziła nas, wesoło podśpiewując i skacząc dookoła jak każde małe dziecko, które przy swojej matce miało pełne poczucie bezpieczeństwa.

Rozległo się pukanie do drzwi i jakaś dziewczynka przyniosła nam śniadanie, które składało się z mleka, daktyli, herbaty oraz chleba i oliwek. Ani Selima, ani ja nie miałyśmy jednak ochoty na jedzenie, wypiłyśmy tylko szklankę mleka. Za to Nażad pochłaniała wszystko z apetytem. Wtem usłyszałyśmy warkot samochodu i jakieś obce głosy. Po chwili otworzyły się drzwi do pokoju i weszła matka Selimy w towarzystwie dwóch kobiet, trzymając w ręku małą walizkę, w której znajdowały się ubranka dziewczynki. Selima stała nieruchomo, słychać było tylko bicie jej serca. Matka Selimy złapała Nażad za rączkę i pociągnęła do wyjścia. Kobiety pokrzykiwały, że nie będą traciły czasu na niepotrzebne ceregiele. Nażad zrozumiała, że dzieje się coś niedobrego. Nigdy dotąd nie rozstawała się ze swoją mamą, a tu jacyś obcy zabierają ją, krzycząc i wpychając do samochodu.

– Mamo, mamo – wołała dziewczynka – pomóż mi! Dlaczego nie ma ciebie ze mną? Boję się tych ludzi! Mamo, chodź ze mną! Nie zostawiaj mnie samej!

Nikt nie reagował, nikt nie przerywał tej strasznej sceny. Kiedy samochód z Nażad w środku ruszył, Selima osunęła się na ziemię straciwszy przytomność. Czułam, że nie chciała już żyć, a przecież dziś miał być jej radosny dzień...

Stałam nieruchomo, patrząc na oddalające się auto. Czy jest ktoś, kto zastąpi temu dziecku matkę? Jaki los czeka tę małą? Kąt u rodziny ojca, która wcale jej nie pragnie... Nie jest nawet chłopcem, więc kim tam będzie? Ciężarem, który trzeba wykarmić i ubrać, no i jak najszybciej znaleźć jej męża, aby pozbyć się kłopotu? Ból ściskał mi gardło i gwałtownie zapragnęłam być przy moim synku. Chciałam powiedzieć mu, że nigdy, przenigdy żadna siła nie zdoła nas rozdzielić. Postanowiłam wtedy, że muszę być silna – silna dla niego i dla nas. To okrutne, nieludzkie zdarzenie uzmysłowiło mi, że gdziekolwiek na ziemi jesteśmy, niezależnie od panujących wierzeń i obyczajów, serce matki będzie zawsze przepełnione miłością do dziecka. Ta miłość jest darem, jaki Bóg dał wszystkim kobietom na ziemi.

Późnym popołudniem zaczął się *eris*, czyli libijskie wesele. Dzień zabawy, nadziei i radości. Zeszli się sąsiedzi i członkowie obu rodzin. Niech żyje młoda para! Niech tradycji stanie się zadość! I wszyscy cieszyli się bardzo, że Selima zostanie żoną Abdula-Rezaka.

Niewolnica Amira

Mijał czwarty rok mojego pobytu w Libii. W tym czasie nie było tu bezpiecznie. Stany Zjednoczone posądzały Libię o terroryzm, a nawet o broń masowego rażenia. Ameryka udowodniła Kaddafiemu zamach na samolot pasażerski nad szkockim miasteczkiem Lockerbie. Zginęło dwieście siedemdziesiąt osób. Był to wówczas jeden z największych zamachów terrorystycznych. Pewnej nocy, niedaleko naszego domu, Amerykanie zbombardowali fabrykę chemiczną. W każdej chwili mogło też dojść do ataku zbrojnego. ONZ żądała wydania ludzi, którzy zestrzelili samolot, w celu ich osądzenia. Poza tym na Libię nałożone zostało embargo, więc życie tu stawało się coraz cięższe. Brakowało wielu potrzebnych produktów. Przestrzeń powietrzna nad Libią była zamknięta – żaden samolot nie mógł przylecieć ani stąd wylecieć. Żyło się jak w klatce.

Przyszłość kraju była bardzo niepewna. Rządy sprawował jeden z największych dyktatorów na świecie – Mu'ammar al-Kaddafi, który nie dość, że był mordercą i despotą, to miał manię wielkości. Władał Libią niepodzielnie od czasów swojej bezkrwawej rewolucji, ale jego rządy były właśnie krwawe i bezwzględne. Z rodakami rozprawiał się definitywnie. Ludzie bali się mówić o nim cokolwiek głośno, aby czasami nie narazić się jego agentom, a nawet w obawie o własne życie. Czasami Kaddafi zachowywał się tak nieprzewidywalnie i szalenie, jakby podpisał pakt z samym Lucyferem. Utrudniało to wszystkim życie. Co rusz ustanawiał jakieś nowe chore prawo, by za jakiś czas je zmienić. W tym kraju niczego nie można było być pewnym.

Mój mąż, który już w stopniu kapitana służył w Marynarce Wojennej, nagle uzyskał możliwość opuszczenia wojska na własną prośbę. Było to tym dziwniejsze, że przecież państwo kształciło tych swoich wojskowych poza granicami kraju za grube dolary. Muchtar, jak i większość jego kolegów, oczywiście skorzystał z możliwości odejścia. W tym czasie zaświtała mu myśl, aby po opuszczeniu wojska kontynuować dalszą naukę. Mój mąż był bardzo zdolny, był typem urodzonego naukowca. Nauka była jego prawdziwą pasją. W zaistniałej sytuacji dostrzegłam malutką szansę dla siebie.

Czasami słychać było naloty amerykańskie nad Trypolisem. Sprawiały, że naprawdę zaczęłam się bać. Nie o siebie, lecz o swojego syna. Czułam też, że jego dzieciństwo różni się od tego, jakie ja miałam. Oskarżałam siebie, że zgotowałam mu ten los, że przez własny egoizm moje dziecko może ucierpieć. Byłam tym przybita i bardzo nerwowa. Wszystko mnie drażniło, zaczęłam wpadać w histerię. Krzyczałam wtedy z bezsilności, że chcę wrócić do Polski.

– Możesz wrócić, ale sama – mówił zagniewany Muchtar.

– Ale ja się boję o nasze dziecko, o jego bezpieczeństwo.

– To wyjeżdżaj! Masz swój paszport. Weź swoją walizkę i idź do ambasady, powinni ci pomóc – dodawał. – Mnie to w ogóle nie obchodzi. Jesteś tylko żoną, w dodatku niemuzułmańską. Ale pamiętaj, nigdy nie zobaczysz Karimka. I powiem mu, że jego matka była podłą, złą kobietą. Nie kochała go, więc odjechała.

Wielokrotnie to powtarzał, szantażował mnie emocjonalnie, wiedząc, że nigdy tego nie zrobię. Jego słowa były jak zatrute strzały. Tak nie mówi się do matki a zarazem żony.

– Dlaczego mi to mówisz?! Dlaczego mi to robisz?! Dlaczego stałeś się dla mnie tak okrutny?! Gdzie podziała się twoja miłość... Oszukałeś mnie! – krzyczałam zalana łzami.

Ta moja rozpacz doprowadzała go do furii. Wtedy rzucał się na mnie z pięściami, bił i szarpał za włosy. Wyzwalały się w nim jak najgorsze instynkty. Nie wiem, co sobie wtedy myślał. Te jego napady być może spowodowane były zawodem, że nie potrafię sprostać jego oczekiwaniom, nie chcę przeistoczyć się w libijską żonę, kobietę i matkę...

– Na miłość boską – wołałam do niego, nie zważając na dzikie zachowanie – przecież jestem Polką! Czyżbyś o tym zapomniał? Zapomniałeś, gdzie się wychowałam, gdzie wyrosłam?!

– Bądź przeklęta – syczał przez zęby, po czym wywracał stół, a wraz z nim wszystkie naczynia, które tam stały i – jak to miał w zwyczaju – wychodził trzaskając drzwiami z całych sił.

Za każdym razem czułam potem obolałe ciało i słodki smak krwi w ustach. Kiedy któregoś razu poszłam do łazienki, aby obmyć zapłakaną twarz, zobaczyłam mojego małego synka, który schował się tam ze strachu przed tą awanturą. W jego oczach dostrzegłam strach i bezradność.

– Mój Boże – powiedziałam głośno – dlaczego robimy to naszemu dziecku?

Po awanturach zostawałam zupełnie sama – ja, mój ból i niemy krzyk. Tutaj kobiety płaczą w ciszy, nie mają odwagi krzyczeć. Nie mają siły na jakikolwiek bunt. Czułam, że staję się jedną z nich.

W pewien piątek, a jest to w krajach muzułmańskich dzień odpoczynku, wybraliśmy się na wycieczkę do Leptis Magna. To zabytkowe miasto z ruinami rzymskich budowli. Leży w pobliżu Al-Chums. Podziwialiśmy fenickie świątynie, rzymskie łaźnie, teatr, budowle z czasów chrześcijaństwa. Tutaj czas jakby się zatrzymał, nikt niczego nie pozmieniał – to bardzo cenny starożytny zabytek. Mimo ogromnego zmęczenia spowodowanego wędrówką, a przede wszystkim ogromnym żarem lejącym się z nieba, czuło się niezwykłą atmosferę. W pewnym momencie skończył się nam zapas wody. Pomarańczowy, suchy piach prażył w nogi, co utrudniało wędrówkę. Zobaczyliśmy starego Araba prowadzącego swojego zmęczonego osła, więc poprosiliśmy go o wodę. Podał nam ją ze szczerym uśmiechem, a ja piłam łapczywie, nie zważając na żadne ograniczenia higieniczne.

Do Trypolisu wróciliśmy późno w nocy. Byłam wyczerpana wycieczką, ale i szczęśliwa, że mogłam zwiedzić takie niezwykłe miejsce.

Po niedługim czasie od tej wycieczki zaczął się święty czas dla muzułmanów – ramadan. Jest to ruchomy miesiąc. W tym roku przypadał akurat w październiku. Wszyscy mężczyźni i kobiety od wschodu do zachodu słońca powstrzymują się od jedzenia i picia, kontaktów płciowych oraz palenia tytoniu. Niektórzy nawet przy czynności mycia zębów starają się, aby woda używana do ich płukania nie została czasami połknięta. Pożywiać mogą się tylko dzieci, kobiety w ciąży lub mające menstruację oraz osoby chore. W praktyce jednak nawet ciężarne kobiety przestrzegają postu, a miesiączkujące ukrywają swoją niedyspozycję. One zresztą muszą oddawać te dni postu w innym dowolnym terminie. Gdy ramadan przypada na letnie upalne miesiące, jest szczególnie uciążliwy. To nie tylko męka głodu i pragnienia, ale dla mężczyzn rozdrażnienie z powodu niepalenia. Wszyscy są osłabieni i spowolnieni. Po zachodzie słońca i odmówieniu modlitwy zaczyna się kolacja. Kobiety przez cały dzień ją przygotowują, oczywiście nie smakując żadnej z potraw. Mężczyźni, jeśli nie są w pracy, spędzają ten czas najczęściej śpiąc lub jadąc na *suk*, czyli arabski bazar, po produkty spożywcze.

Nasza kolacja była suto zastawiona, pełna tac wypełnionych różnymi potrawami – oddzielnych dla mężczyzn i oddzielnych dla kobiet oraz dzieci. Jedzenie rozpoczynało się wypiciem szklanki mleka i spożyciem słodkich daktyli.

Następnie, obowiązkowo, *siorba* – arabska zupa, składająca się z drobno pokrojonych kawałków baraniego mięsa, cieciorki, drobnego makaronu z mąki durum, oczywiście gotowanego w przecierze pomidorowym. Była ostra i aromatyczna, co zawdzięczała dodanym przyprawom i zieleninie. Potem podano danie główne, w zależności od gustów domowników: uwielbiany przez wszystkich kuskus, makaron, ryż lub tradycyjny libijski *bazin*, czyli duży mączny klops polany mięsnym sosem. Jest to potrawa zarazem sycąca i prosta. Spożywa się ją rękami z jednej wielkiej misy.

Ramadan był dla mnie zawsze bardzo trudny, chociaż nie byłam muzułmanką. Nie musiałam pościć i raczej nie pościłam. Czułam wtedy nieprzyjazne spojrzenia, a nawet gesty czy słowa. Dawano mi do zrozumienia, że najwyższy czas, aby islam „jako jedyna prawdziwa wiara w Boga Allacha" stał się moją religią i drogą życiową. Nie pościłam, ale też nie jadłam normalnie i swobodnie – gdzieś pokątnie przełknęłam czasami kawałek suchego chleba i popiłam wodą, bo też trudno było wytrzymać bez niej w upalny dzień. Mimo że mieliśmy własne mieszkanie, Muchtar wolał ten czas spędzać w gronie swojej rodziny. Kiedy do końca ramadanu zostało około dziesięciu dni, zadecydował, że wrócimy do swojego domu i to ja będę teraz gotować kolację.

– Już najwyższy czas, abyś nauczyła się radzić sobie sama i przywykła do obowiązków, a jednym z nich jest należyte goszczenie mojej rodziny i przyjaciół w różnych sytuacjach naszego życia i naszych zwyczajów – powiedział.

Dla mnie oznaczać to miało codzienne przygotowywanie wystawnej kolacji i obsługiwanie około dwudziestu osób, nie licząc małych dzieci.

Następnego dnia mąż wyruszył po potrzebne produkty, a ja zabrałam się do pracy. Wszystko musiało być idealnie przygotowane na wieczór. Mieli nas odwiedzić: ojciec Muchtara i jego dwie żony, trzech braci i pięć sióstr oraz jacyś koledzy, których nie będzie mi dane zobaczyć, gdyż – arabskim zwyczajem – kobiety i mężczyźni nie będą przebywać w jednym pokoju. Muchtar zażyczył sobie, abym przygotowała *siorbę*, makaron oraz *sylk* – liście szpinaku wypełnione mielonym mięsem, ryżem, pastą pomidorową, dużą ilością zieleniny, cebuli i oczywiście przypraw dodających potrawie ostrości. Do tego jeszcze *batan*, czyli ziemniaki nadziewane mięsem i mocno przyprawione, a następnie smażone w oleju. Oczywiście także sałatki z pomidorów, ogórków, cebuli i ostrej papryki. Nie mogło zabraknąć też mleka, daktyli i różnych napojów. Wszystko to musiało być w porę ugotowane i ułożone na dwóch ogromnych tacach.

Goście przyszli punktualnie przed zachodem słońca, wszyscy byli wyczerpani po całym dniu głodówki i pracy, ale i szczęśliwi, że zanurzą swoje łyżki w potrawach. Po chwili dało się słyszeć nawoływanie muezina z pobliskiego minaretu. To znak, żeby rozpocząć modlitwę. Po niej wszyscy rzucili się na jedzenie. Słychać było tylko głośne mlaskanie i siorbanie. Patrzyłam na miny kobiet, by wyczytać, czy potrawy tej *ażnabiji* – cudzoziemki, jak niejednokrotnie zwracali się do mnie – zasługują na uznanie. Siostry mojego męża chwaliły i dziękowały za przygotowany poczęstunek. Natomiast jego matka, a moja teściowa, raz po raz robiła mi jakieś uwagi.

– No cóż, nie jesteś Libijką ani muzułmanką, więc nie wszystko mogło ci się udać jak należy – mówiła wyuczonym, łagodnym tonem nie bez zgryźliwości. Nie pierwszy i nie ostatni raz dawała mi w ten sposób odczuć, iż nie jest zadowolona z „takiej synowej" i że ubolewa nad wyborem syna, który w tej Europie musiał postradać zmysły, aby przyprowadzić synową cudzoziemkę, a w dodatku innowierczynię. – Ta kobieta musiała rzucić jakiś urok na Muchtara, a on biedny nie zdawał i nie zdaje sobie sprawy, jak będzie przez nią cierpiał, a wraz z nim jego matka – usłyszałam nawet któregoś dnia.

Kolacja trwała w najlepsze, słychać było żarty i śmiechy dochodzące z pokoju mężczyzn. Muchtar co jakiś czas przychodził z żądaniem podania kawy, herbaty czy owoców. Ton głosu miał rozkazujący, widać było, że czuje się jak pan i władca. Jedzenia musiałam przygotować tyle, aby starczyło do godzin porannych, bo tuż przed wschodem słońca muzułmanie posilają się przed następnym dniem wyczerpującego postu. Wygląda to jakby na zapas napychali żołądki, w których zresztą jeszcze poprzedni syty pokarm nie został strawiony.

Gdy ostatni gość opuścił nasz dom, zostało mi duże sprzątanie: mycie naczyń, garnków i ogromnych metalowych tac. Wszystko musiało być czyste i przygotowane przed kolejnym posilaniem się. Mycie odbywało się w słonej wodzie, bo tylko taka leciała z kranu i to nie zawsze, a więc płyn do mycia pienił się niechętnie. Pracowałam do wczesnych godzin rannych. Muchtar poszedł spać, nie zwracając uwagi na moje zmęczenie. A ja nawet się nie skarżyłam, wiedząc, że na nic by się to zdało. Przez ten i następne dni świętego miesiąca żyłam jak w transie, niewiele śpiąc i jedząc, a nawet mówiąc. Stałam się żywym robotem, tak zmęczonym, że moje myśli i uczucia zostały jakby zahibernowane.

Gdy wielkimi krokami zbliżały się ramadanowe święta, zaczęliśmy po kolacji jeździć w celu zakupu świątecznych prezentów. Zwyczajem jest tu, aby każdy domownik z tej okazji posiadał nowe ubranie i buty. To było dla mnie miłe, bo rzadko kiedy mogłam kupić sobie coś ładnego. Nasz Karimek natomiast w zawrotnym tempie niszczył ubranka albo z nich wyrastał. Nie od razu pierwszego dnia, a raczej nocy, udało nam się kupić podarunki dla wszystkich. Trwało to więc przez kilka dni z rzędu, ku mojej zresztą radości. Najdłużej i najstaranniej Muchtar szukał i wybierał oczywiście prezent dla matki, powtarzając mi co chwilę, że musi on być wspaniały i specjalnie wyszukany, aby rozradował jej serce. Nie zadowolił się kupnem pięknej, koronkowej białej bluzki. Zamierzał jeszcze dodać coś ze złotej biżuterii. Mnie kupił niebieską sukienkę w czarne kwiatki, a dla dziecka buty oraz nowe spodenki. Nieśmiało przypomniałam, że i jego żona byłaby szczęśliwa z podarunku w postaci jakiegoś złotego drobiazgu. Wtedy spojrzał na mnie tym swoim lodowatym, dzikim spojrzeniem i przypomniał po raz kolejny, że żon można mieć kilka, a matka, ojciec oraz dzieci to jego krew.

– Nie zapominaj o tym nigdy i nigdy nie wychodź przed szereg – podkreślił, cedząc słowa przez zęby.

– Nie zapomniałam – odpowiedziałam – bo ty nigdy nie pozwalasz mi o tym zapomnieć. Wryłeś mi to w moje serce i mózg.

– Jesteś bezczelna! – krzyknął i kopnął wielką tacę, która leżała na dywanie w naszym salonie. Naczynia z jedzeniem wywróciły się z hukiem, a z pokoju naszego synka dobiegł przeraźliwy płacz. Nazajutrz rozpoczynały się radosne święta...

W pierwszy dzień świąt dziękczynienia *Eid al-Fitr*, kończących ramadan, z samego rana pojechaliśmy do domu rodzinnego męża. Wszyscy już na nas czekali, nie zasiadając jeszcze do posiłku. Muchtar, jako najstarszy z braci, był zaraz po ojcu najważniejszą osobą w rodzinie i, co za tym idzie, należał mu się szacunek i posłuch. Gdy już złożyliśmy sobie życzenia, nie pomijając nikogo – ani małego dziecka, ani mnie – chrześcijanki – zasiedliśmy do świątecznego obiadu. Potrawy raczej niczym nie różniły się od ramadanowych kolacji. Po zwyczajnej herbacie lub kawie przyszedł czas na prezenty, które wręczał wszystkim Muchtar (w odwrotną stronę, czyli dla nas, nie było nic). Jednak miły to był widok oglądać uradowane twarze członków rodziny, w myśl zasady (zresztą chrześcijańskiej), iż dawanie przynosi więcej radości niż branie. Wszyscy byliśmy leniwie objedzeni i, półleżąc na materacach, prowadziliśmy rozmowy, żartując przy tym. Potrafiłam już nieźle posługiwać się językiem arabskim, a z niektórymi siostrami męża byłam zaprzyjaźniona, szczególnie z Samihą i Karimą, które niejednokrotnie przebywały u mnie w domu. Był to ten okres, kiedy zżyłam się z nimi i coraz lepiej poznawałam ich mentalność. Często zwierzały mi się ze swoich bolączek, a i ja czułam w nich przychylne dusze. Po południu zeszła się też dalsza rodzina, aby złożyć życzenia i wspólnie cieszyć się świętami.

Na drugi dzień z kolei zostaliśmy zaproszeni na świąteczny obiad do cioci Aiszy, siostry ojca Muchtara, która mieszkała za Trypolisem na pięknej farmie. Zawsze zachwycałam się jej drzewami pomarańczy, ich wieloma odmianami. To są zresztą moje ulubione owoce. Uwielbiałam ciocię Aiszę. Była to stara spracowana kobieta z tatuażem na brodzie – dawnym oznaczeniem mężatek. Była dobra i życzliwa, a na jej pomarańczowej farmie zapominałam o swoich kłopotach i rozczarowaniach, o tęsknocie za moją ukochaną rodziną i krajem, za moim życiem, które zostało na innym kontynencie, i o mojej niepewnej przyszłości. Spacerując po pomarańczowym gaju, stawałam się częścią harmonii afrykańskiego świata. Tak było i w te święta. Najchętniej zostałabym tu i nie wracała do domu. Ale nie ode mnie to zależało.

Mój teść, który od początku był mi bardzo przychylny i darzył mnie sympatią, lubił ze mną rozmawiać, a ja z nim mimo wszystkiego, co nas dzieliło: wieku, płci, narodowości, religii. Dobrze i bezpiecznie czułam się w jego towarzystwie.

– *Bnejti*, córeczko – zaczął – usiądź, proszę, koło mnie.

– Z przyjemnością, *ja baba* – nazywałam go ojcem, chociaż libijskie synowe nie zwracają się w ten sposób do swoich teściów. Mówiłam tak, bo wiedziałam, że sprawiam mu tym radość.

– Tęsknisz za mamą, tatą i całą rodziną, czyż nie tak?

– Tak, tęsknię. Bóg jeden wie, jak bardzo.

– Myślę, że pojedziesz ich odwiedzić. Nie ma ku temu żadnych przeszkód? – zapytał z prawdziwą troską w głosie.

– Nie, ojcze, nie ma. Tak myślę.

– Córeczko, bo jeśli miałabyś jakiś problem z tym związany, to powiedz mi.

– Tak, powiem ci, ale nie wiem, kiedy Muchtar zgodzi się na mój wyjazd do Polski.

– A może pieniądze stanowią problem? Powiedz, zaradzimy coś na to – zaznaczył.

– Dziękuję za twoją troskę – odpowiedziałam, dobrze wiedząc, że pieniądze mojemu teściowi łatwo nie przychodzą szczególnie, że ma na utrzymaniu tak liczną rodzinę. Był jednak gotów mi pomóc. No, ale to nie on bezpośrednio sprawował nade mną „opiekę".

Panie Boże, Jezu Chryste...

Od jakiegoś czasu, czyli od około dwóch tygodni, spóźniał mi się okres, chociaż miałam założoną spiralkę. Nie planowałam, wręcz broniłam się przed tym, aby mieć jeszcze jedno dziecko, gdyż moja sytuacja życiowa była niepewna. Trudno byłoby mi podjąć odpowiedzialność za jeszcze jedną małą istotę, dlatego zabezpieczyłam się podczas pamiętnego, ostatniego pobytu w Polsce. Pewnej nocy obudził mnie ostry ból i zaczęłam dość mocno krwawić. Muchtar bardzo się wystraszył i – mimo moich zapewnień, że to zwykły okres – zawiózł mnie do szpitala. Wstęp na oddział ginekologiczny był na szczęście mężczyznom zabroniony, a poza tym mój mąż musiał wracać do śpiącego w domu Karima. Od razu zostałam zabrana na badanie.

– *Mabruk*, gratuluję! – oznajmił lekarz. – Jest pani w ciąży, to ósmy tydzień.

– To niemożliwe – powiedziałam, mając na myśli tę moją nieszczęsną spiralkę.

– A jednak, będzie pani matką! Usuniemy tylko z macicy tę wkładkę, która powoduje krwawienie, co mogło nawet mieć fatalne skutki i dla pani, i dla dziecka.

Zamarłam ze strachu. Co będzie, jak dowie się o tym Muchtar i jego rodzina... Wmawiałam przecież mężowi, że prawdopodobnie jestem chora i dlatego nie mogę mieć więcej dzieci. Co się teraz stanie? Jaką karę poniosę? Czy odbierze mi dzieci, a mnie samą odeśle do Polski? Myśli kłębiły się w głowie. Po chwili zrozumiałam, że tak naprawdę nic już nie mogę zrobić, więc postawiłam wszystko na jedną kartę.

– Doktorze, jestem Polką i chrześcijanką, a mój mąż Libijczykiem. Nie wie o tym, że bez jego zgody miałam założoną spiralę. Jak się dowie, to mnie ukarze i zabierze mi moje dzieci – powiedziałam jednym tchem.

Na sali było przy mnie dwóch lekarzy i jedna pielęgniarka, skośnooka Filipinka. Lekarze spojrzeli na siebie, a potem niemal jednocześnie rzekli:

– Niech będzie pochwalony Jezus Chrystus i niechaj ma cię w opiece! Jesteśmy Egipcjanami i chrześcijanami, nie przyczynimy się do tego nieszczęścia. Nie martw się, wszystko będzie dobrze. Niech Bóg ma cię w swojej opiece.

Po tych niespodziewanych, a jakże pocieszających słowach zapadłam w błogi sen. Musiałam chyba dostać jakiś środek uspokajający, bo spałam dwanaście godzin. Gdy otworzyłam oczy, ujrzałam przed sobą Muchtara oraz jego matkę. Mój mąż miał szczery, radosny uśmiech na twarzy, czego w żaden sposób nie mogłam wyczytać z beznamiętnej miny teściowej.

– *Habibi*, uczyniłaś mnie najszczęśliwszym mężczyzną na kuli ziemskiej – przymilał się mój małżonek. – Nasz syn nie będzie już jedynakiem, a drugie dziecko scali nasz związek. Sama widzisz, że to wola Allacha. Bogu niech będą dzięki! Przemyśl to, najdroższa, czy to nie jest dla ciebie znak od samego proroka. On pragnie twojego dobra, on pragnie twojego nawrócenia, on pragnie, abyś kroczyła drogą prostą, którą wybrał dla nas Allach…

– Przestań, bo znów zacznę krwawić i skończy się twoje chwilowe szczęście i nasza sielanka. To nie z prorokiem będę miała dziecko! – powiedziałam poirytowana jego naukami.

– Nie denerwuj się, moja droga. Jako twój mąż, doskonale wiem, co jest dla ciebie najlepsze – uciął temat.

Moja teściowa siedziała zupełnie nieruchoma i, nie zabierając głosu, patrzyła na mnie swoimi świdrującymi oczami. Czułam od niej niechęć i do mnie, i do mojego nienarodzonego dziecka. Myślę, że po prostu bała się scalenia naszego małżeństwa. Przecież jej plany odnośnie ukochanego najstarszego syna były zgoła inne.

Zostałam w szpitalu do czasu, aż krwawienie całkowicie ustąpiło. Byłam zadowolona, że mogłam tu jeszcze trochę poleżeć, wyciszyć się i nabrać dystansu do życia. Ciągle niepokoiło mnie, co będzie dalej ze mną i moimi dziećmi. Jaka przyszłość nas czeka w tym obcym kraju, różniącym się od wszystkiego, co rozumiałam i kochałam.

Po około tygodniu spędzonym na oddziale ginekologicznym wyszłam ze szpitala do domu. Bardzo tęskniłam za moim Karimkiem. Martwiłam się o niego i bałam się, jak sobie radzi beze mnie i czy należycie o niego dbają. Muchtar przyjechał po mnie do szpitala już z samego rana. Na jego twarzy widać było zadowolenie. Cieszył się, że jego dziecku nic się nie stało i że zostanie dumnym ojcem. Ja w tym wszystkim byłam najmniej ważna. Czułam z tego powodu przykrość. Najchętniej bym się rozpłakała, ale nie chciałam pokazać swoich emocji i obnażyć w ten sposób słabości. Teraz, kiedy nosiłam w sobie rozwijające się nowe życie, powinnam stać się jeszcze silniejsza. Silna za nas troje, bo to ja musiałam być podporą w każdej sytuacji, jaka mogła nas tu spotkać. Musiałam być twarda, aby moje dzieci były bezpieczne i szczęśliwe. Te wszystkie myśli kłębiły mi się w głowie podczas powrotu ze szpitala.

– *Habibi* – usłyszałam głos męża, który zwrócił się do mnie słodko, przerywając moje rozmyślania. – Pojedziemy do rodziców. Czekają na nas, chcą ci pogratulować i okazać swoją radość, że wnukowi nic złego się nie stało. Nawet uroczysty obiad został przygotowany z tej wspaniałej okazji. Doceń to, kochanie, to wszystko dla ciebie.

Słysząc to, miałam mieszane uczucia. Z każdą minutą, która przybliżała nas do domu, ogarniał mnie dziwny niepokój. Pytanie tylko, dlaczego? W domu, w centralnej sali, przebywało wiele osób. Wszyscy siedzieli na materacach, głośno rozprawiając i popijając herbatę. Mieli bardzo zadowolone miny, które mogły wskazywać, iż miało tu miejsce jakieś ważne wydarzenie. Kiedy zrozumiałam, że pod moją nieobecność i bez mojej zgody dokonano właśnie obrzezania mojego syna, przeszedł mnie ogromny skurcz. Zdołałam tylko krzyknąć: „Barbarzyńcy, co zrobiliście z moim dzieckiem!" i osunęłam się na ziemię, tracąc świadomość.

Nie wiem, ile czasu minęło, zanim się ocknęłam. Szumiało mi w głowie i piekła cała twarz. Nade mną pochylała się siostra Muchtara, Samiha, mokrą chustę przykładając do mojego rozpalonego czoła. Zaczęłam szlochać i krzyczeć:

– Gdzie moje dziecko? Co mu zrobiliście? Dlaczego bez mojej zgody?! Dlaczego wasz Bóg wymaga takiego poświęcenia?...

– Cicho, uspokój się, Nadio – próbowała uciszyć mnie Samiha. – Nie krzycz, bo narobisz sobie ogromnych kłopotów. Pomyśl o twoim nienarodzonym dziecku, jak ono musi to przeżywać. Jest już po wszystkim i będzie dobrze. Twój syn zniósł to bardzo dzielnie, to wielki dzień dla niego. Od dziś islam będzie panował w jego życiu i nic lepszego nie mogło mu się przydarzyć. *Allach Akhbar*! – kiedy to w końcu zrozumiesz? Kiedy u ciebie to w końcu nastąpi, będziesz na zawsze kroczyła prostą drogą wybraną przez jedynego Miłosiernego...

– Zostaw mnie samą, Samiho. Nie mogę już tego słuchać – zaczęłam głośno płakać. Przestraszona napadem mojej niezrozumiałej dla niej histerii, pospiesznie opuściła pokój.

Dla wszystkich było to święto: syn Muchtara został przyłączony do muzułmańskiej rodziny, a ja wylewałam łzy w samotności. Mój krzyk, ból i sprzeciw nie miały tu najmniejszego znaczenia. Byłam niczym wobec okrutnego religijnego przymusu. W końcu zaczęłam się modlić: „Panie Boże, Jezu Chryste, pomóż mi znieść to wszystko, co wydaje mi się nie do zniesienia. I nie opuszczaj mnie w potrzebie, i trwaj przy mnie swoją siłą, nadzieją i miłością dla mojej rodziny. Amen".

Wkrótce nadeszły święta *Ied al-Adha*, czyli ofiarowania. Tysiące zwierząt: owiec, baranów, krów i wielbłądów zostało przeznaczonych na ofiarę. Byłam w piątym miesiącu ciąży, nie znosiłam jej dobrze, pomimo że pierwsze mdłości i uczulenie na różne zapachy już minęły. Muchtar w przeddzień tego święta kupił dwa wielkie barany. Jednego dla rodziny, a drugiego dla nas. Trzymane były na dachu jego rodzinnego domu, karmione tam i pojone, bo zwierzęta przeznaczone na ofiarę mają być w dobrej kondycji.

Nasze mieszkanie mieściło się w bloku na drugim piętrze i nie wyobrażałam sobie, aby można było trzymać barana na balkonie, ale Arabowie nie widzieli w tym problemu. Już na kilka dni przed świętem słychać było beczenie zwierząt wciąganych po schodach na piętra. Panował upał, więc fetor trzymanych w mieszkaniach zwierząt stawał się nie do wytrzymania. W dniu święta od bladego świtu słychać było wszędzie ryk zarzynanych rytualnie zwierząt. Odbywało się to po zwróceniu ofiary w stronę Mekki, wypowiedzeniu słów: *Bismillach Arachem Arachim*, co znaczy: „W imię Boga miłosiernego i litościwego" i cięciu ostrym nożem przez aortę na szyi zwierzęcia. Cała krew, zgodnie z nakazem świętej księgi islamu, musiała zostać wylana w ziemię.

Następnie ściągało się z ofiary skórę i rozpruwało żołądek, opróżniając jego treść.

Towarzyszyły temu: przeraźliwy ryk, krew i brud, ogromny smród i muchy, które były wszędzie. Po rozćwiartowaniu mięsa siekierą, resztą zajmowały się kobiety. Sortowały je według przeznaczenia, część odkładając także na jałmużnę. Każdy muzułmanin bowiem, poza wyznawaniem wiary, ma obowiązek odbyć pielgrzymkę do Mekki, pościć w świętym miesiącu i dawać jałmużnę biednym. Z podrobów robiono arabską kiełbasę zwaną *aspan*, do czego używano flaków z barana. Zapach czyszczonych jelit i żołądka sprawiał, że było mi niedobrze.

– Masz męża, kobieto, i rodzinę, więc nie roztkliwiaj się nad sobą – mówiła do mnie moja teściowa. – To wielkie radosne święto, a ty tylko myślisz o sobie. O biedny mój syn, cóż pocznie, jak mnie zabraknie! Kto będzie mu przyrządzał te wspaniałe smakołyki i jakże biedne będą jego dzieci. – W pewnym momencie najwyraźniej puściły jej hamulce, bo zaczęła biadać coraz głośniej, a w końcu zawodzić: – Niech Wszechmocny Allach go oświeci, niech przejrzy na oczy, po co mu taka *ażnabija*, cudzoziemka!

– *Tuskut*, kobieto! Ucisz się, kobieto! – usłyszałam srogi głos ojca Muchtara. – Słońce rozum ci wypaliło. Bluźnisz i złorzeczysz – krzyknął rozgniewany teść. Podszedł do żony i wymierzył jej siarczysty policzek. Ta z kolei skuliła się w sobie i bez słowa skargi opuściła pomieszczenie.

Arabski mąż, jeśli tylko zechce, może zawsze skarcić, czy wręcz ukarać swoją żonę, na co pozwala mu jego prawo.

Zapadła grobowa cisza, nikt nie odważył się odezwać. Wszyscy w milczeniu wykonywali swoją pracę. Bardzo źle się czułam w zaistniałej sytuacji, choć niczemu nie byłam winna, no może poza jednym – nie byłam muzułmanką.

Po pewnym czasie jak burza wpadł Muchtar i z miejsca doskoczył do mnie, okładając pięściami po głowie.

– Ty zdziro, co zrobiłaś mojej matce, że ona przez ciebie płacze? Do pięt jej nie dorastasz – syczał przez zaciśnięte zęby. Nie wiem, co by się stało, gdyby nie jego bracia, którzy siłą odciągnęli go ode mnie, upominając, iż noszę jego dziecko. – Ty polska kurwo – pomstował jednak nadal – popsułaś nam święta i tylko twoje szczęście, że jesteś w ciąży, inaczej bym cię zabił!

Po tym zdarzeniu nabrałam pewności, że moje życie jest tutaj mało warte. Wystarczy kilka chwil, aby móc je stracić. Teraz prawdopodobnie uratowało je moje nienarodzone dziecko.

Niech żyje przyjaźń polsko-hinduska!

Przez okres ciąży chodziłam do sympatycznego libijskiego lekarza, doktora Muftacha. Miałam z nim dobry kontakt, bo też doktor wszystko, co dotyczyło mojego stanu, skrupulatnie mi objaśniał.

– *Salam alejkum*, doktorze.

– *Alejkum salam*, Nadio.

– Jak dziś się czuje młoda mama? Widzę smutek na twarzy, czyżby był jakiś niepokojący powód? Coś dolega? Boli?

– Nie, doktorze. Ciąża to przecież nie choroba – odpowiedziałam, starając się nadać wesoły ton mojemu głosowi.

– Jesteś moją ulubioną pacjentką. Nigdy się nie uskarżasz, to zupełnie odwrotnie niż u Libijek.

– Czy z moim dzieckiem wszystko jest w porządku, doktorze?

– Tak, moja droga. Twoje dziecko jest zdrowe i całkowicie już ukształtowane. Jest gotowe, aby nareszcie zobaczyć się ze swoją mamą.

– Kiedy to się stanie?

– Akcja porodowa może się zacząć w każdej chwili, a więc uważaj na siebie i nie zostawaj zbyt długo sama. Czy zastanawiałaś się już, gdzie będziesz rodzić swoje dziecko?

– Nie, to akurat nie należy do mnie, ale zależy od mojego męża…

– Wszystko będzie dobrze, bądź dzielna, a resztę zostaw Bogu.

– *Inszallach*, jak Bóg zechce – odpowiedziałam na pożegnanie.

– Jak się czuje moje dziecko? Nic mu nie jest? Czy zdrowe? – zalał mnie pytaniami Muchtar, kiedy tylko zdążyłam zamknąć drzwi gabinetu doktora Muftacha.

– Nic – odparłam – nie powinnam tylko zostawać zbyt długo sama w domu, bo poród może się rozpocząć w każdej chwili.

– Będę o tym pamiętał, przecież to mój syn ma przyjść na świat.

– Skąd wiesz, że to syn? Mamy już jednego, a więc narodziny córeczki byłyby pięknym dopełnieniem naszej rodziny.

– Arab zawsze pożąda mieć syna, nieważne, ilu by ich już posiadał. Z dziewczynami są same kłopoty i ciągle trzeba je pilnować, aby nie przyniosły hańby rodzinie.

– Jak możesz tak mówić, mieć takie szowinistyczne poglądy! Ty, człowiek tak dobrze wykształcony… Teraz rozumiem, co mówili mi ludzie w Polsce, a czemu ja sama nie dawałam wiary – że Arabowie w swoim kraju zmieniają się o sto osiemdziesiąt stopni.

– Nie chcę słuchać tego, co mówisz!

– To nie słuchaj! Nie podlega żadnej dyskusji, że bywacie potworami. Muszę żyć wśród bezdusznych potworów! – stwierdziłam wyprowadzona z równowagi.

– Zamknij się wreszcie, bo przez głupią histerię zaszkodzisz synowi – zakończył mój mąż.

Minęło kilka dni, a ja zaczęłam odczuwać regularne skurcze przepowiadające, aż pewnej nocy poczułam bardzo silny ból i zaczęły odchodzić wody. Muchtar pomógł mi się spakować i pospiesznie ruszyliśmy do szpitala. Salachdin to największy szpital w Trypolisie, zwany także szpitalem centralnym. Od razu przyjęto mnie na oddział położniczy. Leżałam tam sama, odgrodzona od innych rodzących kobiet zieloną kotarą. Słyszałam ich krzyki i jęki. Kiedy zaczęłam odczuwać coraz silniejsze bóle, zaalarmowana położna zawiozła mnie na salę porodową. Z miejsca otoczyło mnie trzech lekarzy, którzy donośnym głosem namawiali mnie, abym parła z całych sił. Po kilku minutach akcji poczułam, jak coś śliskiego wyskoczyło z mojego wnętrza, a potem rozległ się oczekiwany płacz dziecka.

– *Mabruk, mabruk ja seida*, gratulacje, proszę pani, piękny chłopiec! Zdrowy i silny…

Pielęgniarka ostrożnie podała mi do łóżka nowo narodzonego syna, po czym wyszła do swoich zajęć. Byłam bardzo słaba, ale ogromnie szczęśliwa. Obok moje dziecko, które miało się nazywać Malik, ciekawie mi się przyglądało. Wzięłam je na ręce, obmyłam małe ciałko pod kranem, ubrałam w przygotowane wcześniej ubranko i położyłam obok siebie. Oboje zasnęliśmy po niedawnych przeżyciach.

– Wiedziałem, wiedziałem! Chwała Allachowi i Jego wielkiemu prorokowi! – obudziły mnie radosne krzyki Muchtara. – Najdroższa żoneczko, jaka jesteś wspaniała. Dałaś mi cudownego syna. Niech Allach pobłogosławi ciebie i nasze potomstwo.

– Ciszej trochę, nie widzisz, że dziecko śpi. Potrzebujemy teraz spokoju i odpoczynku – wypowiedziałam te słowa z góry wiedząc, że spokój nie będzie mi dany.

– Jestem taki szczęśliwy, mam syna! – kontynuował. – Jedziemy do domu, a niedługo urządzę dla niego takie wielkie przyjęcie, jakiego jeszcze nie było w naszej rodzinie.

Spakowałam torbę, wzięłam małego na ręce i opuściliśmy szpital.

W domu czekał na mnie Karimek z dwiema siostrami Muchtara.

– Mamusiu, to naprawdę jest mój brat? – pytał ucieszony. – Będę mógł się z nim bawić?

Przez pierwsze dni nie czułam się jeszcze dobrze, więc opieka nad dzieckiem nie była taka prosta. Mały płakał i widać było, że coś mu dolega. Muchtar cieszył się z narodzin syna poza domem, zostawiając mnie na całe dnie samą, a i w nocy beztrosko sobie spał, jak to jest w zwyczaju arabskich mężów i ojców. Tutaj zajmowanie się dziećmi to obowiązek wyłącznie kobiet. Mężczyźni tylko się z nimi bawią, jeżeli oczywiście mają na to akurat ochotę. Będąc świeżo po porodzie, w połogu, miałam na głowie cały dom, dzieci i oczywiście obiady oraz kolacje dla męża i jego gości, którzy odwiedzali świeżo upieczoną mamę i jej dziecko.

Mój starszy synek był bardzo wyrozumiały i cierpliwy. Jednego dnia, po nieprzespanej nocy, udało mi się z rana zasnąć. Spałam już dwie godziny, a gdy się obudziłam, zobaczyłam, jak mój Karimek siedzi na dywanie i układa swoje ulubione klocki Lego.

– Co robisz, Karimku? Zaraz zrobię ci śniadanko…

– Bawię się, mamusiu, bo kiedy tak się bawię, to zapominam o głodzie. – Tak odpowiedziało moje pięcioletnie dziecko, a mnie zrobiło się bardzo przykro, że musiało dojść do takiej sytuacji.

Po jakimś czasie noworodek zaczął coraz bardziej popłakiwać, ja zaś nie wiedziałam, co mu dolega i co mam zrobić. Przypomniałam sobie, że na parterze w naszym bloku mieszkają Hinduski, które – jak słyszałam – pracują w szpitalu.

– Karimku, zejdź, proszę, na parter do mieszkania, w którym mieszkają Hinduski i poproś, aby ktoś do mnie przyszedł. Powiedz, że mama potrzebuje pomocy.

Poszedł, a po kilku minutach wrócił, prowadząc ze sobą dwie młode kobiety, które – jak się okazało – były położnymi. Przywitały się ze mną bardzo serdecznie, a zobaczywszy Malika od razu wiedziały, co mu dolega – kikut pozostały po pępowinie nie został oderwany i zrobiła się bolesna rana. Oderwały go do końca, opatrzyły ranę i mały od razu odczuł wyraźną ulgę.

– Bardzo dziękujemy za pomoc. Nie wiem, jak mogę się odwdzięczyć…

– Nie musisz się odwdzięczać – rzekły. – Wyznajemy Chrystusa i nasza wiara nakazuje nam pomagać bliźniemu w potrzebie. A ty, czy jesteś muzułmanką jak twój mąż?

– Nie, ja też wierzę w Chrystusa – jestem chrześcijanką i to się nigdy nie zmieni.

– Musi być ci bardzo trudno – bardziej stwierdziły niż zapytały kobiety.

– Tak, to prawda, ale to nie ma dla mnie znaczenia. To jest próba mojej wiary i ja ją przejdę – odpowiedziałam pewna swoich słów.

– Nadio, gdybyś nas potrzebowała, to zawołaj, a my chętnie przyjdziemy ci z pomocą.

– Dziękuję, będę pamiętać.

– Do zobaczenia i niech będzie pochwalony Jezus Chrystus. – Wyszły, a ja znów myślałam o tym, że na szczęście dobrzy ludzie są rozsiani po całym świecie, trzeba tylko umieć ich odnaleźć.

Mój synek rósł i rozwijał się prawidłowo. Był pogodnym dzieckiem, silnie ze mną związanym. U nikogo innego nie chciał przebywać na rękach. Na cześć narodzin drugiego syna Muchtar urządził wielkie przyjęcie dla rodziny, znajomych i sąsiadów. Na tę okazję przed rodzinnym domem zostały rozstawione dwa wielkie namioty. Zabito kilka baranów, zgromadzono wiele innych produktów. W dniu uroczystości goście zaczęli schodzić się do mnie, aby przywitać dziecko i złożyć mu podarunki.

Wszyscy dotykali je i chcieli całować. W krajach arabskich nie ma takiego pojęcia, jak obawa przed zarażeniem malucha zarazkami, chociażby takimi jak katar. Martwiła mnie ta sytuacja, ale zupełnie nie miałam na nią wpływu – gdybym próbowała zaoponować, byłoby to źle odebrane i zupełnie niezrozumiałe. Chcąc nie chcąc, musiałam to zaakceptować.

– Pokój z tobą, matko Malika – słyszałam za każdym razem na powitanie.

– Niech Bóg pobłogosławi twojego syna oraz ciebie. Niechaj prowadzi go drogą prostą i nie pozwoli mu nigdy z niej zboczyć, bo wtedy zbłądzi i nie otrzyma łaski Miłosiernego. – Poprzez te słowa byłam między innymi pouczana, o jaką drogę muszę dla niego zadbać. Po ich wypowiedzeniu wyciągano dziecko z łóżeczka i mimo wyraźnego, głośnego jego sprzeciwu, ściskano je i obcałowywano.

Uroczystości trwały do późnych godzin nocnych, a potem rankiem wszystko zaczynało się od początku. Z namiotów dochodziły śpiewy i tańce kobiet. Bez przerwy wnoszono ogromne tace z jedzeniem i piciem. Wszyscy byli rozradowani, a ja myślałam, że gdybym urodziła dziewczynkę, to z pewnością nie byłoby takiego wiwatowania. Przecież w niektórych rodzinach jest to nawet powód do okazywania rodzicom współczucia. Fetowanie narodzin syna Muchtara trwało trzy dni. Byłam mocno zmęczona, a dziecko – poprzez zaburzenie rytmu snu i czuwania – stało się płaczliwe i rozkojarzone. Odczułam ulgę, kiedy Muchtar zapowiedział w końcu powrót do domu.

– Wracamy, moja droga żoneczko – orzekł nadzwyczaj miło. – Widzisz, jakie wspaniałe przyjęcie urządziłem dla małego. Każdy następny nasz syn będzie miał takie samo…

To, co usłyszałam, przeraziło mnie i nie miałam najmniejszej wątpliwości co do prawdziwości tych słów. W jednej chwili zapaliła mi się w głowie czerwona lampka. Muchtar po narodzinach syna nabrał apetytu na kolejne dzieci. W ten sposób zwiąże mnie ze sobą tak, aby nigdy nie przyszło mi do głowy go opuścić. Tego zresztą żaden Arab nie znosi. Poprzez dzieci Muchtar zapewni więc sobie spokój. To najbardziej egoistyczny sposób zatrzymania kobiety przy sobie – nie poprzez miłość, dobro czy szacunek. Po tych jego zapowiedziach musiałam jak najszybciej zabezpieczyć się przed kolejną ciążą.

Na drugi dzień, po przyjeździe do domu, udałam się do moich hinduskich znajomych.

– Miło cię znów widzieć, droga Nadio. Co u ciebie słychać? Mamy nadzieję, że wszystko jest dobrze. Jak sobie radzisz ze swoim synkiem? Dobrze się chowa?

– Tak, dziękuję, jest zdrowy, choć ostatnie dni były dla niego dość męczące. Trzy dni z rzędu odwiedzali nas goście.

– Współczujemy, ale co kraj, to obyczaj – powiedziała najstarsza z hinduskich kobiet.

– Napijesz się z nami herbaty?

– Nie, dziękuję. Karimek został z małym, muszę też zdążyć na czas z obiadem. Szczerze mówiąc, przyszłam prosić was o pomoc, bo mam delikatny problem. Trochę krępuję się o tym mówić…

– Nie wstydź się, wszystkie jesteśmy tu kobietami.

– Chodzi o to – zaczęłam niepewnie – że Muchtar planuje mieć ze mną kolejne dzieci, a ściślej – kolejnych synów. Chce w ten sposób wybić mi z głowy chęć powrotu do mojej ojczyzny.

– Aha, już rozumiemy twój problem. To bardzo niegodziwe ze strony twojego męża. Oczywiście, że ci pomożemy. My, kobiety, musimy być ze sobą solidarne, w szczególności w świecie, w którym rządzą mężczyźni – odezwała się milcząca dotąd młoda kobieta.

– W jaki sposób? – zapytałam.

– W bardzo prosty – odpowiedziały niemalże chórem.

– Będziemy przynosić ci ze szpitala tabletki antykoncepcyjne. Nie ma w tym kraju innego sposobu. Będziesz tylko musiała systematycznie je zażywać. Nie martw się, wszystkie mężatki tak postępują, aby uniknąć niechcianej ciąży. Nie jesteś pierwsza ani ostatnia…

– Dzięki i niech żyje przyjaźń polsko-hinduska!

Wybiegłam uradowana od uprzejmych sąsiadek. Nazajutrz dostarczyły mi siatkę opakowań z tabletkami, które powinny mi wystarczyć na cały rok.

Przesłuchanie z prądem

Co pewien czas od około dwóch, trzech miesięcy jeździliśmy na Pocztę Główną w Trypolisie, aby zamawiać rozmowy telefoniczne z Polską, czyli z moją rodziną. To były bardzo radosne i oczekiwane przeze mnie chwile, kiedy mogłam usłyszeć głos swoich bliskich oraz przekonać się, chociażby w ten sposób, że u nich wszystko w porządku. Moja najbliższa rodzina, to: mama, tata, brat i ukochana babcia, za którą najbardziej chyba tęskniłam. Za każdym razem, gdy mogłam ją usłyszeć, ciepło robiło mi się na sercu. Niestety, zaraz potem przychodził lęk, czy aby na pewno będę jeszcze mogła ją zobaczyć…

Czas oczekiwania na połączenie bywał różny – od kilkunastu minut do około dwóch godzin, a niekiedy w ogóle nie było ono możliwe. W końcu udałam się do kabiny na rozmowę i usłyszałam w słuchawce głos mojej mamy.

– Co słychać? Jesteście zdrowi? – zadawałam szybko pytania, bo bałam się, że w każdej chwili połączenie może zostać przerwane.

– Tak, u nas wszystko po staremu. A jak ty się czujesz? Jak Karimek i w ogóle, czy wam tam dobrze?

To były stałe pytania mamy. Myślałam za każdym razem, cóż mogę na nie odpowiedzieć – nic innego, jak tylko, że jest dobrze i że pod tym afrykańskim niebem jestem bardzo szczęśliwa. Znowu tak odpowiedziałam, no i że aż tak bardzo nie tęsknię, bo przecież znalazłam swoje miejsce na ziemi...

Byłam specjalistką w oszukiwaniu swojej rodziny, a robiłam to tylko po to, aby oszczędzić im bolesnej prawdy. Nie chciałam ich martwić, smucić, tym bardziej, że dzieliły nas trzy tysiące kilometrów. Nie powiedziałam im też o swojej ciąży, a potem, że drugi syn jest już na świecie. Wiedziałam, że moja mama bardzo by się denerwowała, jak sobie daję radę i czy jestem po tym wszystkim zdrowa. Skrupulatnie ukrywałam moje rozterki, myśli i uczucia, a najbardziej tę wielką i bolesną tęsknotę, która toczyła mnie każdego dnia.

– Kiedy nas odwiedzisz? – pytała mama. – Już prawie trzy lata cię nie widzieliśmy, córeczko.

– Odwiedzę, na pewno odwiedzę, tylko jeszcze nie teraz, bo przez embargo, jakie Ameryka nałożyła na Libię, wstrzymane są wszystkie loty. Jak tylko to się zmieni, przylecę do was – brnęłam w małe i większe kłamstwa. Potem, jak zwykle, w słuchawce pojawił się ciągły sygnał i rozmowa została przerwana. Stałam jak zawsze jeszcze chwilę, zaskoczona, z głuchym telefonem przy uchu. Potem z ciężkim sercem wyszłam z kabiny na spotkanie rzeczywistości.

Dwa tygodnie później mój teść przyniósł mi list z Polski. Korespondencja przychodziła na numer skrzynki pocztowej, bo w Libii nie było kogoś takiego jak listonosz; brakowało też dokładnego oznakowania domów czy mieszkań.

– *Salam alejkum, bnejti*, pokój z tobą, córko – zaczął teść.

– *Alejkum salam, ja baba*, z tobą także pokój, tato – odpowiedziałam.

– Przyniosłem ci niespodziankę, list z twojej ojczyzny, od mamy i taty.

– Dziękuję – wykrzyknęłam uradowana. Szybko otworzyłam kopertę, przeleciałam wzrokiem pierwszą stronę i zamarłam, po czym z oczu popłynęły mi łzy.

– Co się stało, córeczko? – zapytał zaniepokojony moją gwałtowną reakcją teść.

– Wielki smutek mnie spotkał – zaczęłam na dobre szlochać.

– Ale co się stało? Mów!

Zdążyłam wypowiedzieć tylko, że Arys nie żyje i pobiegłam zamknąć się w swojej sypialni, aby nie demonstrować przed nikim swojego żalu. No i wtedy się zaczęło... Mówiąc, że Arys nie żyje, zapomniałam dodać, że był to mój, jakże uwielbiany, wychowanek – pies, czarny, rasy cocker spaniel. Miał już swoje lata i ciężko chorował. Lubiłam bardzo mojego pupila, a wiązał się z nim szczęśliwy okres mojego życia. Po niedługim czasie zaalarmowana o mojej „żałobie" rodzina i znajomi zaczęli schodzić się tłumnie z wyrazami najszczerszych kondolencji po utracie kogoś bliskiego z polskiej rodziny. Jak już wspomniałam, muzułmanie nie darzą sympatią tych czworonogów. Jedna z przypowieści głosi nawet, że pies miał ugryźć proroka, więc ta antypatia ma pewne uzasadnienie. Dlatego też, struchlała, patrzyłam na ten cyrk, bo nie śmiałam wyprowadzać ich z błędu.

Niebawem do Libii miała przyjechać moja koleżanka Sabina z małym synkiem Tarkiem. Jej mężem był Fozi, który studiował w Polsce na tej samej uczelni co Muchtar, tylko o rok niżej. Nie przyjaźnili się szczególnie, bo mój mąż lubił się wywyższać i górować nad innymi. Zawsze, w każdej sprawie, chciał mieć ostatnie zdanie i z tego powodu nie zjednywał sobie wielu przyjaciół. Od rana męczyłam go, aby zawiózł mnie do rodzinnego domu Foziego. W końcu się zgodził. Chciałam być z Sabinką w pierwszych dniach po jej przyjeździe, gdyż zdawałam sobie sprawę, jakie to przeżycie dla cudzoziemki – spotkanie z miejscową rzeczywistością i panującymi tu obyczajami.

Zobaczyłam ją siedzącą na cienkim materacu i całą zapłakaną. Jej małżonek zabrał syna, aby pochwalić się nim przed swoimi kolegami, jej zaś zakazał opuszczać mieszkanie. Ich lokum znajdowało się na drugim piętrze wielkiej, rodzinnej willi. W mieszkaniu, jak zwykle, nie było zbyt wiele mebli: kilka materacy położonych dookoła salonu, kuchnia – główne miejsce dla kobiety – oraz *dar num*, czyli małżeńska sypialnia z wielkim łożem na środku, szafą i toaletką. Wszystkie libijskie wnętrza były wyposażone w podobny sposób. Rzadko kiedy na przykład wydzielano pokoje dziecięce. Spotykało się je tylko w tych domach, gdzie rodzice przebywali kiedyś za granicą – w Europie lub USA. Dzieci spały więc, gdzie popadło, na materacach. Nie używało się pościeli, tylko koce, a zimą skóry baranie lub wielbłądzie.

Za oknem pokoju sypialnego mojej przyjaciółki rozciągał się wielki plac, na którym zarzynano wielbłądy, krowy i barany z przeznaczeniem dla sklepu mięsnego, gdyż bliscy męża Sabiny byli rzeźnikami. Codzienny ubój zwierząt, ich krzyk, pisk i płynąca strumieniami krew w żaden sposób nie sprzyjały aklimatyzacji jeszcze jednej biednej Polki. Wiedziałam więc, że wszelkie słowa pocieszenia na tę chwilę okażą się daremne. Usiadłam obok niej na materacu i przytuliłam ją serdecznie. Była w szoku, a przede wszystkim bała się o swoje dziecko. Bez przerwy zadawała te same pytania: „Gdzie jest Tarek?", „Dokąd go zabrał Fozi?", „Dlaczego jeszcze go nie przyniósł z powrotem?". Próbowałam, jak mogłam, tłumaczyć, że pewnie rodzina się z nim wita, w końcu to chłopiec, jakże ceniony w tej kulturze.

– Uspokój się – powiedziałam, trochę niepotrzebnie zirytowana. – Nic mu nie zrobią. Pozwól się im nacieszyć. On jest częścią ich rodu i tego nie możesz zmienić.

– Ale ja się o niego boję – szlochała dalej – on nigdy nie widział takich przebierańców. Na pewno mnie woła i jest przerażony!

– No cóż, moja droga – stwierdziłam chłodno – w końcu to nikt inny, tylko my same wybrałyśmy naszym dzieciom takich przodków. Weź się w garść! I chodźmy na dół, bo słyszę, jak ktoś z rodziny nas woła.

– Nie, nie chcę widzieć tych potworów, oni mnie nie akceptują! Matka Foziego chyba mnie nienawidzi, widać to z daleka!

Kiedy zeszłyśmy na parter, wszyscy z rodziny już na nas czekali. Zaczęli się witać, rozmawiać i zadawać pytania. Tłumaczyłam Sabinie, co do nas mówią, lecz ona była tak przerażona całym otoczeniem, że wprost ich odtrącała. Wiedziałam, że to nie wróży nic dobrego szczególnie, że będzie musiała mieszkać z tą rodziną. Będą ją bacznie obserwować i nie zazna łatwego życia. Teść Sabiny, stary Arab Mohammed, przyniósł jako poczęstunek przyrządzoną przez siebie wątróbkę baranią. Był to z jego strony miły gest. Ja wzięłam kawałek, choć nie przepadam za takimi przysmakami. W taki sposób przecież okazuje się szacunek gospodarzowi. Niestety, Sabina z obrzydzeniem wypluła wątróbkę pod jego nogi krzycząc, iż nie zje tego surowego świństwa. Zobaczyłam złość w oczach Mohammeda. Zaklął i odwróciwszy się, poszedł do syna, aby wyrazić swoją opinię o jego żonie.

Zabrałam Sabinę na górę i, długo z nią rozmawiając, tłumaczyłam panujące tutaj zwyczaje. Dodawałam jej otuchy licząc, że z upływem czasu pogodzi się z wieloma rzeczami i nauczy się tutaj żyć. Po niedługim czasie usłyszałam klakson samochodu Muchtara i musiałam się pożegnać.

W Trypolisie, jak i w całej Libii, mieszkały też inne Polki, które lepiej lub gorzej znosiły ten sam los. Z niektórymi miałam sporadyczne kontakty. Urszulę poznałam, kiedy przeprowadziliśmy się tutaj z Tobruku. Jej mąż Ali miał zupełnie czarny kolor skóry. Był wysokim Murzynem, a ona małą i drobną blondynką. Gdy ją poznałam, miała już pięcioro dzieci, a z szóstym była w ciąży. Wyglądała na tak zahukaną i zrezygnowaną, że serce ściskało się na jej widok. Nie wychodziła nigdy z ciasnego, obskurnego mieszkania, które dzieliła z teściową i trzema niezamężnymi siostrami Alego. Nie mogła nawet wyglądać przez okno, gdyż w jej pokoju zostało ono zamurowane. To często stosowana praktyka wśród Arabów mieszkających w blokach, aby nikt obcy z zewnątrz nie zdołał ujrzeć nawet cienia ich kobiety.

To były prawdziwe slumsy. Odwiedziłam Ulę tylko dwa razy, a gdy chciałam usilnie zaprosić ją do siebie, jej mąż zerwał z nami kontakty. Przeżywałam to bardzo i martwiłam się o jej zdrowie, bo w żaden sposób nie mogłam jej pomóc. Po prostu należała do męża i jego klanu. Czy kiedykolwiek będzie miała szansę wyjść z tej wyniszczającej depresji duszy, a także ciała, wymęczonego przez liczne porody? – myślałam.

Na naszym osiedlu mieszkała wraz z rodziną Renata. Miała trzy córki, a jej małżonek Omar pracował w tej samej jednostce wojskowej, co Muchtar. Był starszy stopniem od mojego męża, ale stosunki pomiędzy nimi były dobre. Byłyśmy z tego bardzo zadowolone, bo dla mnie i Renaty oznaczało to możliwość częstych spotkań. Czasem robiłyśmy wspólne kolacje – raz u niej w domu, a raz u mnie.

Nasze dzieci, mimo różnicy płci i wieku, potrafiły się razem bawić. Cieszyłam się, że tak blisko mieszka moja rodaczka. Zdarzało się, że Renata przychodziła odwiedzić mnie przed południem, kiedy naszych mężów nie było w domu. Ja także tak robiłam, lecz rzadziej od niej, gdyż jej mąż miał bardziej liberalne poglądy od Muchtara.

Taki stan rzeczy był idealny do momentu, kiedy Muchtar zaczął zadawać mi dziwne i bardzo dociekliwe pytania, szczególnie dotyczące moich wizyt w domu Renaty i Omara. Pewnego dnia zapytał wyraźnie zdenerwowany:

– Byłaś dziś rano odwiedzić Renatę?!

– Tak, byłam.

– Ile czasu tam byłaś?

– Małą godzinkę – odpowiedziałam bez zastanowienia.

– Ktoś u niej był, czy była w domu sama? – zauważyłam, jak z każdym zadawanym pytaniem mój mąż zmienia się na twarzy.

– Nie, nikogo u niej nie było. Wypiłyśmy herbatę i wróciłam do domu, aby przygotować dla nas obiad.

– Na pewno? Wiesz, że nie możesz mnie okłamywać, bo i tak – wcześniej czy później – wszystkiego się dowiem…

Od tego dnia coraz częściej słyszałam podobne pytania. Zawsze mówił do mnie tym samym tonem i, nie wiedzieć czemu, spodziewał się jakiegoś podstępu. Widziałam coraz wyraźniej, że z Muchtarem dzieje się coś niedobrego. Czułam, że coś złego wisi w powietrzu.

– Nadio, zapraszam cię jutro na pyszne ciasteczka. Upiekę je wedle przepisu mojej sąsiadki – powiedziała

Renia, wychodząc ode mnie. – Są przepyszne, sama to stwierdzisz, jak posmakujesz. Przyjdź przed południem, bo najlepsze są jeszcze ciepłe.

Nazajutrz ubrałam chłopców i wybrałam się do niej. Kiedy przekroczyłam próg mieszkania, usłyszałam dobiegający z salonu męski głos. Weszłam.

– *Achalm-wasachlam*, witaj – powiedział młody mężczyzna. Wyciągnęłam rękę, odpowiadając na jego powitanie.

– Już robię kawę! – dobiegł z kuchni wesoły głos Renaty. – Siadajcie, proszę.

Usiadłam naprzeciwko Chaleta, bo tak miał na imię ów mężczyzna, który okazał się kuzynem Omara. Przyjechał do nich w odwiedziny ze Zliten. Renia podała nam kawę i ciastka. Chalet był spięty, nieczęsto było mu dane siedzieć z obcą kobietą w jednym pomieszczeniu i swobodnie rozmawiać. Widać było, że stara się unikać mojego wzroku, jak to jest w tutejszym zwyczaju, ja zaś stosowałam się do tej reguły, aby go nie peszyć. Rozmowa była zdawkowa i nie czułam się swobodnie, więc – po wypiciu małej filiżanki kawy i zjedzeniu kilku ciastek – pożegnałam się. Wróciłam do domu i zaczęłam gotować kuskus na obiad – ulubioną potrawę mojego męża.

Kiedy tylko wszedł do domu, zaczął swoje codzienne przesłuchanie:

– Gdzie byłaś? Co robiłaś? Z kim się widziałaś? Czy był ktoś u Renaty, czy też była sama?

Po nawale pytań zapaliła mi się w głowie ostrzegawcza lampka: „Czy słusznie tym razem zrobię, odpowiadając twierdząco na to ostatnie pytanie?". Prawda niczego nie zmieni i nie wniesie, a w chorym umyśle mojego męża może zasiać niesłuszne wątpliwości co do mojej osoby. Przecież każdy Arab jest na tym punkcie nienormalnie przewrażliwiony... Odpowiedziałam więc tak, jak odpowiadałam dotychczas – że nikogo u Renatki nie było. Ujrzałam w jego oczach wyraźną ulgę, więc szybko podałam mu ulubiony kuskus i zgodnie zasiedliśmy razem z dziećmi do obiadu. Potem przygotowałam popołudniową kawę, do której miałam ciasteczka podarowane przez Renatę.

Minęło kilka dni względnego spokoju, podczas których nie widywałam się z koleżanką. Któregoś dnia jednak znowu zapukała do naszego mieszkania. Muchtar akurat nie wyszedł jeszcze do pracy. Renia była osobą bardzo bezpośrednią i lubiącą opowiadać o życiu swoim i domowników. Nagle zapytała o ciastka, które podarowała nam w owym dniu, o którym skłamałam Muchtarowi.

– Smakowały ci moje ciasteczka? – zwróciła się do niego. – Jeśli tak, to dam przepis twojej żonie, aby mogła rozpieszczać cię takimi frykasami.

Zbladłam i czułam, jak krew ze mnie odpływa. Gdybym mogła to przewidzieć, z pewnością uprzedziłabym Renię, aby nie wspominała tej mojej wizyty.

– Chalet – brnęła dalej w moją katastrofę – którego poznałaś, kiedy byłaś u mnie, zjadł do wieczora wszystkie i gdybym nie schowała kilku w szafce dla Omara, to musiałby się obejść tylko smakiem. – Nagle urwała swój monolog, bo chyba zaczęło do niej docierać, co mówi…

– To ja już pójdę – powiedziała zmieszana.

– Tak, na ciebie już pora – odezwał się roztrzęsiony Muchtar. – Nie chcę gościć w moim domu osoby, która urządza potajemne randki mojej żonie! Nigdy już nie przychodź! – podnosił coraz bardziej głos.

– Ależ, Muchtarze! Jak możesz tak myśleć i mówić – zaczęła bronić się ze łzami w oczach.

– Skalałaś moją żonę! Nie chcę cię więcej oglądać!

Renata na dobre zaczęła szlochać, tłumaczyć i przepraszać, lecz na nic już to się zdało. A ja stałam i patrzyłam na całą tę scenę ze ściśniętym gardłem, nie mogąc wydusić z siebie ani jednego słowa, które zresztą i tak nie miałoby już znaczenia. Przecież w oczach mojego arabskiego męża byłam zdradliwą, zakłamaną oszustką.

Kiedy zatrzasnęły się drzwi, stałam nadal w tym samym miejscu jak kamień. Czekałam na wyrok, bo sąd już się odbył. Uderzenie było znienacka i bardzo silne. Poczułam znany mi już słodki smak krwi. Twarz paliła ogniem. Nie odezwałam się, nie płakałam. Byłam skałą, nieczułą na żadne bodźce.

– Dobrze ci było z Chaletem, ty polska dziwko?! No co, nie bronisz się, nie tłumaczysz?! – znowu silny cios i następny…

Upadłam, nie czułam już bólu, tylko potworny szum, który wszystko zagłuszał. A po chwili zobaczyłam nad sobą dwa kabelki podłączone do gniazdka. Mój mąż zaczął mnie torturować prądem.

– Teraz wszystko wyśpiewasz! – usłyszałam jakby w oddali, a po chwili wstrząs przeszedł przez moje ciało. Jakieś myśli zaczęły kotłować się w mojej głowie i poczułam żal, że moje dzieci nie będą miały matki, zostaną same, wychowane na modłę tutejszego świata, a ja nigdy już ich nie zobaczę – ich i moich bliskich. W końcu zaczęły mi się przesuwać obrazy pięknych zielonych łąk, lasów i morza, nad którym się wychowałam... Nagle w oddali, jak przez mgłę, zadźwięczał dzwonek do drzwi, a potem usłyszałam donośny głos mojego teścia. Nie mógł wybrać sobie lepszego momentu na odwiedziny...

Obudziłam się w ciemną noc, w nieznanym miejscu, tak bynajmniej mi się zdawało. Usta miałam sklejone zaschniętą krwią, całe ciało paliło, a żołądek podchodził do gardła. Potwornie chciało mi się pić. Ujrzałam nad sobą jakąś postać, która przykładała mi mokrą chustę do skroni, co przynosiło chwilową ulgę. Rozpoznałam, że to Aziza, druga żona mojego teścia. A więc żyję, pomyślałam, nie udało się mnie zabić. Aziza ujrzawszy, że otworzyłam oczy, poczęła gładzić moją rękę i przemawiać uspokajającym tonem:

– Nie szkodzi, córeczko. My, kobiety, tak już mamy, taki jest nasz los, nic nie możemy zrobić. Nasze życie nie należy do nas, tylko do naszych mężczyzn. To minie, musisz to przetrwać.

– Gdzie są moje dzieci? – zapytałam tylko.

– Nic im nie jest, rodzina się nimi zajmuje – odpowiedziała. – Odpoczywaj i nabieraj sił, abyś szybko wróciła do zdrowia i swoich obowiązków względem rodziny...

Mówiła dalej, ale ja już niczego nie słyszałam, niczego oprócz jednej myśli: uciekać stąd, uciekać! Od tej pory odzyskanie wolności dla mnie i dzieci stało się moją obsesją – głównym celem, do jakiego postanowiłam dążyć.

Szkoła obłudy

Wiedziałam, że nie stanie się to szybko, ale jak woda drąży skałę, tak i ja – powoli, dokładnie i ostrożnie – zaczęłam realizować mój plan. Nie wolno mi było od tej pory popełnić żadnego błędu, bo cena, jaką musiałabym zapłacić, była zbyt wysoka.

Przez kolejnych kilka dni przebywałam w mieszkaniu Azizy, która troskliwie się mną opiekowała. Byłam jej za to ogromnie wdzięczna. Z każdym dniem czułam się lepiej, zaczynałam powracać do równowagi, a głowa przestawała mnie boleć. Muchtar nie pojawił się u mnie ani razu i – choć nie wiedziałam, co to oznacza – cieszyłam się, że nie muszę oglądać swojego oprawcy. Moich dzieci także do mnie nie przyprowadzono, co z pewnością było dla nich dobre, gdyż nie musiały oglądać matki w takim stanie. Wystarczająco dużo już przeżyły z winy swoich rodziców.

W końcu doczekałam się wizyty Muchtara, który wszedł do pokoju i, nie patrząc mi w oczy, oznajmił, że czeka na mnie w samochodzie. W milczeniu wróciliśmy do domu. Panował w nim okropny bałagan, bo mój małżonek nie hańbił się myciem po sobie talerzy czy szklanek. Choć jeszcze słaba, zabrałam się do pracy. Myłam, szorowałam podłogi, chciałam w ten sposób wymazać z pamięci sceny, które niedawno miały tutaj miejsce. Gdy tak sprzątałam, natrafiłam na dziwne urządzenie ukryte w naszych meblach. Prawdopodobnie służyło ono do podsłuchiwania mnie... Zaczęłam się naprawdę bać, bo przecież człowiek, który wymyśla takie rzeczy, ma chyba chory umysł i może posunąć się do wszystkiego.

Nasze życie pozornie wracało do normy. Gdy czas leczył moje rany i goił widoczne dla oka blizny, zaczęłam dążyć do celu, przedstawiając się najpierw jako cudzoziemka kochająca ten kraj i miejsce, w którym przyszło mi mieszkać. Manifestowałam, że życie zaczyna mi się tu układać i że jestem prawie szczęśliwa. Ku wielkiej radości Muchtara zaczęłam też czytać Koran. Dążąc do wytyczonego celu, stawałam się „polską Arabką" o pokerowej twarzy.

Kiedy Karimek ukończył sześć lat, został zapisany do pobliskiej szkoły. Był to ponury zaniedbany budynek, a panujący w nim regulamin mógł budzić zdziwienie europejskiej matki. Mali uczniowie musieli sprzątać po sobie klasy, korytarze i toalety. Nie było zatrudnionych w tym celu pracowników, więc można sobie wyobrazić, jaki w całej szkole panował brud i fetor. Nauczycielami były przeważnie libijskie kobiety, które – nierzadko stłamszone i sfrustrowane w swoich domach – wyładowywały się na dzieciach. Tutaj kary cielesne są na porządku dziennym i żaden z rodziców nie ma o to pretensji, wychodząc z założenia, iż dorosły zawsze ma rację. Zawartość podręczników wywoływała zgrozę. Niektóre z nich zawierały fotografie z egzekucji zdrajców kraju – przeciwników Kaddafiego, wodza Wielkiej Dżamahiriji. Na zajęciach wpajano dzieciom nienawiść do Żydów, nawoływano do *dżihadu*, czyli świętej wojny, i piętnowano wszelkich innowierców.

Łatwo można sobie wyobrazić, co czułam każdego ranka, kiedy szykowałam małego na szkolne lekcje. Myślałam, co wyrośnie z niego, jeśli nie uda mi się stąd wyjechać – islamski ekstremista, czy zamachowiec samobójca, bo tacy stawali się tutaj największymi bohaterami, oczywiście pośmiertnie. Męczyłam się ze świadomością, że to przecież nikt inny tylko ja zgotowałam mojemu dziecku ten los. A mój synek często wracał ze szkoły smutny i przygaszony. Wiedziałam wówczas, że coś złego przytrafiło się na lekcjach. On sam niewiele mówił na ten temat. To było jeszcze małe dziecko, ale niezwykle wrażliwe, rozumne i bardzo dojrzałe jak na swój wiek. Zdarzało się też, że wracał ze szkoły ostatni, spóźniając się do domu. Wywoływał wówczas gniew u swego ojca, który krzyczał na niego i czasami uderzył. Nie wytrzymywałam wówczas, próbując bronić Karimka przed ojcem, ale kończyło się na tym, że spotęgowana agresja Muchtara wyładowywała się na mnie. Zaciskałam wówczas zęby, przysięgając sobie, że nadejdzie taki dzień, w którym zwrócę moim dzieciom dzieciństwo, na jakie zasługują.

Po pewnym czasie zauważyłam, że Muchtar zaczął dostrzegać moją rozwijającą się przemianę. Chyba też zaczynał wierzyć, że pogodziłam się z losem i zaakceptowałam życie tutaj. Coraz częściej się śmiałam, choć był to przecież śmiech przez łzy. Przestałam się buntować – nie czepiałam się go, jak sam to określał.

– Moja droga żoneczko, stałaś się milsza i jakaś łagodniejsza, jestem z ciebie ogromne zadowolony – stwierdził któregoś dnia. – Przestałaś w końcu narzekać i zamęczać mnie wyjazdem do Polski.

– Moje miejsce jest przy mężu, gdzie on, tam jest i moje serce – powiedziałam takim tonem, jakbym grała w teatrze na wielkiej scenie.

– O, Allach jest wielki i wysłuchał moich modlitw!

– Tak, tak Muchtarze, Koran potrafi czynić cuda.

– Zatem ubieraj siebie i dzieci, zabieram cię na przejażdżkę – oznajmił w nagrodę za dobre sprawowanie.

Dobry humor go nie opuszczał. Pojechaliśmy kiedyś na Plac Zielony, a później spacerowaliśmy ulicą Omara Muchtara, która mieści się na starym mieście Trypolisu. Było to moje ulubione miejsce. Znajdowało się tam wiele sklepów – *suków*. Najbardziej rzucały się w oczy wystawy gęsto obwieszone złotą biżuterią – od najdrobniejszych wyrobów po ciężkie ozdoby, które tutejsze kobiety noszą do tradycyjnego stroju ludowego. Każda libijska panna dostaje taki komplet ze złota w prezencie ślubnym od swojego małżonka. Stanowi to niejako zabezpieczenie finansowe na wypadek, gdyby mąż zechciał ją kiedyś oddalić. Ten zwyczaj nie dotyczy jednak żon cudzoziemskich – im nie należy się wsparcie, bo nie mają tutaj swoich bliskich, którzy w razie potrzeby mogliby się za nimi wstawić. Ich jedynym zabezpieczeniem przed czymkolwiek jest wyłącznie dobra wola drugiej strony.

Wróciliśmy wtedy w dobrych nastrojach, lecz w domu czekała na nas przykra wiadomość o ciężkiej chorobie Azizy, drugiej żony teścia. Kilka lat temu zachorowała na raka piersi i mimo amputacji oraz serii leczenia chemią, choroba odezwała się z jeszcze większą siłą. Gdy została zaatakowana wątroba, było już wiadomo, że nie ma nadziei. Zostawiliśmy dzieci z siostrami Muchtara, a sami udaliśmy się do szpitala. Leżała cicho, bez ruchu, podłączona do kroplówki. Podeszłam i delikatnie dotknęłam jej ręki, która była bardzo ciepła. Po chwili otworzyła zamglone oczy. O dziwo, wypowiedziała moje imię, więc musiała być przytomna, choć lekarz, który zajrzał do sali, stwierdził, że Aziza jest w agonii. Łzy napłynęły mi do oczu, pomyślałam o całym jej życiu. Była drugą żoną swojego męża, urodziła sześcioro dzieci, niektóre w chwili jej śmierci były jeszcze małe. Było mi ich szkoda – dwie dziewczynki miały zaledwie kilka lat i już nikt nie będzie tak o nie dbał, jak zmarła matka. Aziza całe życie ciężko pracowała, żyła w bardzo skromnych warunkach, nigdy na nic nie narzekała.

Jeszcze tej nocy zmarła. Nazajutrz w południe odbył się jej pogrzeb. W gorącym klimacie ludzi chowa się szybko. Zwłoki myje się i zawija szczelnie w biały całun, i tak, bez trumny, zakopuje do ziemi. W pogrzebie uczestniczą tylko mężczyźni, którzy recytują odpowiednią do sytuacji *surę* – rozdział Koranu. Kobiety zostają w domu żałobnym i opłakują zmarłego, straszliwie zawodząc, a nawet drapiąc się po twarzy. To dość wstrząsający widok. Po powrocie mężczyzn z cmentarza następuje stypa – podaje się te same potrawy, co przy innych okazjach, tyle tylko, że bez słodyczy. Członkowie rodziny nie noszą strojów żałobnych, islam tego nie nakazuje. Mój teść bardzo przeżywał śmierć Azizy, była mu bliższa niż jego pierwsza żona, a matka Muchtara. Rodziny, znajomych i sąsiadów było bardzo dużo, około dwustu osób. Biesiada trwała dwa dni, a później wszyscy rozjechali się bądź rozeszli w swoje strony.

Minęło znów kilka miesięcy, a ja żyłam jak w transie, uważając każdego dnia, aby nie dopuścić do sytuacji, która mogłaby mnie sprowokować do popełnienia błędu. Muchtar był inteligentny, a co za tym idzie przebiegły i podejrzliwy. Nie raz mi to udowodnił w bardzo dotkliwy sposób. Któregoś dnia przyszedł do domu wielce uradowany, ogłaszając, że Kaddafi zapowiedział, iż kto tylko chce, może się zwolnić z wojska.

– To cudownie! – krzyknęłam. – Będziesz mógł zająć się tym, co uwielbiasz, czyli pracą naukową. Może nawet uda ci się obronić doktorat... Jaka ja będę dumna, mając za męża doktora nauk, a może i profesora!

Mój entuzjazm udzielił się Muchtarowi, który oczami wyobraźni już zobaczył siebie w świecie nauki.

– Zostanę najmłodszym profesorem. Będę sławny i będę wydawał książki naukowe z dziedziny fizyki, a może i dostanę Nagrodę Nobla!

– Tak, tak, pewnie i Oscara! – nie wytrzymałam i zaczęłam się śmiać.

– Nie wierzysz mi? Udowodnię ci, zobaczysz, jakiego masz męża!

U Muchtara odzywała się czasami mania wielkości, ale w tym wypadku była ona dla mnie błogosławieństwem.

– Wierzę ci, że w swoim życiu dokonasz wielkich rzeczy, bo tutaj twoja wiedza nie jest w ogóle wykorzystywana – kułam żelazo, póki gorące. – Taki talent naukowy po prostu się marnuje. Nie ma na co czekać! Wypisuj się z tego wojska, bo już czas na realizację twoich marzeń.

– *Inszallach*, jak Bóg zechce – odpowiedział mój mąż.

List z Polski

Procedury związane z odejściem męża z wojska trwały jeszcze długo. Wszystko, co dotyczyło służby, wymagało podań, wypełniania formularzy, czekania na odpowiedź... Niekiedy zaczynałam powątpiewać, czy to aby prawda, a może po prostu jakiś kolejny podstępny chwyt Kaddafiego? Aż w końcu nadeszła oczekiwana chwila, kiedy uradowany Muchtar wszedł do domu.

– Jestem cywilem! – zakomunikował już od progu. Stało się więc to, co wydawało mi się niemożliwe.

– No widzisz, wszystko się teraz uda. Bardzo ci gratuluję i cieszę się razem z tobą. To dla ciebie naprawdę wielka szansa na rozwój...

– Nie, moja droga, to dla nas obojga będzie ten rozwój.

– No tak, oczywiście, masz rację – przytaknęłam, a serce waliło mi z całych sił na tę przyniesioną przed chwilą wiadomość. Zaczęłam dostrzegać szansę na zmianę. Musiałam tylko jeszcze bardziej uśpić czujność tego byłego już żołnierza.

Gdy minęła pierwsza euforia, Muchtar zaczął martwić się, z czego będzie teraz utrzymywać rodzinę. Praca w wojsku na stanowisku kapitana Marynarki Wojennej dawała mu pełną stabilizację finansową. Teraz to się zmieniało. Zaczął gorączkowo szukać nowej pracy. Często rano wychodził z domu, a wracał późnym wieczorem, mówiąc, iż szuka nowych kontaktów, które umożliwią mu znalezienie dobrze płatnego zajęcia, a może nawet założenie własnego biznesu. Nie oponowałam, nie doradzałam, słuchałam ze zrozumieniem i czekałam. Dobrze też wiedziałam, że mój mąż i biznes nigdy się nie zejdą. Znałam tego człowieka aż nadto dobrze.

– Może zatrudniłbym się jako wykładowca na Uniwersytecie w Trypolisie? – zapytał.

– No, niezły pomysł, ale ile byś zarabiał? Wiesz, jakie drogie zrobiło się tutaj życie.

– O wiele mniej niż w wojsku, to pewne – odpowiedział. – Gdybym tylko zdobył doktorat, to moja pensja wzrosłaby trzykrotnie. Wiem, jak mało jest w Libii ludzi z takim wykształceniem. Mógłbym i tutaj pracować naukowo, ale najlepiej gdzieś za granicą, gdzie jest mnóstwo możliwości dla takich wybitnie zdolnych ludzi jak ja.

– A więc na co czekasz, Muchtarze? Zrób to, napisz ten doktorat. Zajmij się tym, co dla ciebie najważniejsze, w czym będziesz się spełniać, a świat nauki będzie twój…

– Ale jak to zrobić i gdzie? Gdzie przyjmą Libijczyka, który skończył studia w Polsce, a w dodatku na wojskowej uczelni?!

– W Polsce, *habibi*, tylko w Polsce. Tam, gdzie na tobie się poznali. Tam, gdzie wszystko się zaczęło, także nasza miłość...

Napisałam do rodziców długi list. Opisałam szczegółowo ostatnie wydarzenia, to znaczy zwolnienie z wojska Muchtara, poszukiwanie pracy, a przede wszystkim chęć napisania doktoratu. Poprosiłam ich, aby skontaktowali się z promotorem pracy magisterskiej mojego męża, dr. inż. Andrzejem Rudnickim. Nie znałam jego adresu, ale wiedziałam, że dla mojego ojca nie będzie to stanowiło żadnego problemu. Napisałam im wprost, że od tej rozmowy i jej pozytywnego przebiegu być może zależeć będzie nasza przyszłość oraz to, czy będzie mi dane wraz z dziećmi zobaczyć swoją rodzinę. To ostatnie dodałam, nie wnikając w szczegóły. Byłam pewna, że rodzice zaczną niezwłocznie działać, bo mój los nigdy nie był im obojętny. Pozostało mi tylko cierpliwie czekać i dalej być czułą żoną swojego arabskiego męża.

Tymczasem Muchtar podejmował się różnych robót, z mniejszym lub większym skutkiem. Często były to prace fizyczne grubo poniżej jego poziomu, jak sam mówił. Wracał wówczas do domu zmęczony i zły, tak że lepiej było nie wchodzić mu w drogę. Dzieci doskonale wyczuwały ten nastrój i przestawały o cokolwiek go prosić. Ja także mało się odzywałam, bo nie mogłam pozwolić sobie na najmniejszą prowokację, przecież każdy incydent mógłby zaważyć na moich planach. Wszystko znosiłam z wypracowaną pokorą i anielską cierpliwością. Oprócz tych zajęć dorywczych Muchtar próbował zakładać z kolegami biznesy, ale – jak można się było spodziewać – nie przynosiło to większych rezultatów.

Coraz częściej musieliśmy korzystać z pieniędzy uzyskanych z odprawy, jaką dostał odchodząc z wojska. Były to środki na czarną godzinę, a takich godzin przybywało. Nasze życie stawało się ubogie, jedzenie skromne, nie mówiąc już o ubraniach dla dzieci czy dla mnie. Wiecznie oszczędzaliśmy. Któregoś dnia, gdy brakowało mi podstawowych produktów, aby przygotować dla nas posiłek, nie wytrzymałam i krzyknęłam:

– Tak dalej nie może być! Zrób coś albo nie wydzielaj nam tych pieniędzy. Dzieci nie są niczemu winne, a zwłaszcza temu, że tatuś nie ma pracy!

Rozpętała się awantura. Muchtar krzyczał i przeklinał mnie, jak to było w jego zwyczaju.

– Przez ciebie to wszystko, to ty jesteś moją kulą u nogi! Ty i twoje wymagania!

Z miejsca się opamiętałam i zaczęłam przepraszać za moje słowa – że wcale tak nie myślę, że widzę, jak się stara o nas i jak mu ciężko, że zamiast mu pomagać, utrudniam, krytykując go… Ku mojemu zdumieniu uspokoił się, usiadł koło mnie i zaczął mówić spokojnym, zrezygnowanym głosem:

– No cóż, zawiodłem naszą rodzinę. Chyba do niczego już się nie nadaję. Myślałem, że po opuszczeniu wojska życie stanie się bajką, będę zarabiał kokosy i wybuduję wielki dom…

Zobaczyłam oczami wyobraźni siebie, do końca życia zamkniętą w wielkim domu za ogromnym, wysokim murem. Oczywiście nie ujawniłam przed nim tych ponurych myśli. Przeciwnie, próbowałam go motywować do działania.

– To nieprawda, że do niczego się nie nadajesz. Nadajesz się i to bardzo, jak nikt inny na świecie, wiesz o tym doskonale. Nadajesz się do celów najwyższych! – Spojrzałam na niego, jego twarz zajaśniała. Tak uwielbiał komplementy. Wiedziałam, że znów zasiałam w nim myśli konieczne do podjęcia decyzji, która mogłaby uratować naszą rodzinę. Ego Muchtara znów zostało połechtane.

Po dwóch miesiącach od napisania listu do rodziców przyszła oczekiwana wiadomość. Korespondencja z Polski zawsze nadchodziła powoli, przeważnie około sześciu tygodni, ale zdarzało się też, że ginęła. Nerwowo otworzyłam kopertę – zdawałam sobie sprawę, że od tych wiadomości zależeć będzie nasze dalsze życie. W pierwszych słowach były jak zwykle pozdrowienia od całej rodziny. Szybko przebiegłam oczami cały tekst. W końcu znalazłam to, co najważniejsze: moi rodzice odnaleźli profesora, a on obiecał, że zrobi wszystko, co tylko w jego mocy, aby Muchtar rozpoczął pisanie doktoratu pod jego kierunkiem. Pojawiło się więc światełko w tunelu! Teraz musiałam tylko postępować mądrze, aby nie pozwolić mu zgasnąć. Widziałam już wyzwolenie, choć dzieliła mnie od niego jeszcze długa i trudna droga.

Tego dnia nie mogłam się doczekać powrotu Muchtara. W końcu wszedł do domu i od progu zauważyłam, że jest w kiepskim nastroju. Jego mina świadczyła o zmęczeniu i zrezygnowaniu. Szybko, bez słowa, podałam mu obiad. Zjadł mało i zaraz zasnął. To nie był odpowiedni moment na podzielenie się tą gorącą wiadomością. Czekałam więc, aż się obudzi, a gdy to się stało, zrobiłam nam najpierw aromatyczną arabską kawę, która zawsze poprawiała mu humor.

– Jak się czujesz, kochanie? – zaczęłam przymilnie. Zdziwił się i zapytał zaniepokojony:

– Czy coś się stało? Gdzie chłopcy?

– Bawią się u sąsiadów. A stało się, ale coś bardzo, bardzo dobrego – dla ciebie, mój ty przyszły naukowcu.

Uśmiechnął się na to uwielbiane przez niego słowo. To dobry znak, pomyślałam.

– A więc? – zapytał.

– Dziś rano twój brat przywiózł mi ze skrzynki pocztowej list z Polski – zaczęłam mówić, ale tak, aby nie rozpoznał mojego entuzjazmu. – Moi rodzice rozmawiali z profesorem Rudnickim, który serdecznie cię pozdrawia i namawia do kontynuowania kariery naukowej i przyjazdu do Polski na studia doktoranckie. Obiecał też dać ci zatrudnienie w instytucie, w którym pracuje na kierowniczym stanowisku, co umożliwi otwarcie przewodu doktorskiego.

Wszystko to powiedziałam spokojnie, aczkolwiek jednym tchem, i czekałam na reakcję. Na słowo o swoim profesorze Muchtar wyraźnie się ucieszył, twarz mu zajaśniała. Ten człowiek był dla mojego męża kimś ważnym, bo też profesor Rudnicki od początku wierzył w możliwości swojego studenta, który je zresztą posiadał. Widziałam, jak słowami polskiego naukowca poczuł się wyróżniony. Przez dłuższą chwilę milczał, bijąc się z myślami. Chyba nie wiedział, jak powinien zareagować, co mi odpowiedzieć. Nie chciał pochopnie podejmować decyzji, choć myślę, że już wtedy ją podjął.

– Muszę się nad tym zastanowić i wszystko przemyśleć – odezwał się w końcu.

– Wiem, to przecież ty jesteś odpowiedzialny za naszą rodzinę – odpowiedziałam niczym dobra, arabska żona.

Tego dnia nie rozmawialiśmy więcej na ten temat.

W piątek, który u muzułmanów jest przeważnie dniem wolnym, odwiedzaliśmy zawsze rodzinę. Jechaliśmy tam zaraz po śniadaniu, a zostawaliśmy czasem do późnego wieczoru. Nie czułam się tam dobrze. Teściowa zazwyczaj dawała mi do zrozumienia, że mnie nie akceptuje. Bywała nawet złośliwa, lecz ja ją ignorowałam, przez co powodowałam chyba jeszcze większy jej gniew. Natomiast Muchtar liczył się z jej zdaniem jak nikogo innego, spełniał jej zachcianki i zawsze faworyzował. To było nawet dziwne w tym środowisku, że syn stawia matkę ponad ojca. Gdyby wybuchł jakiś otwarty konflikt między mną a matką Muchtara, nie miałabym żadnych szans przy tej kobiecie. Jak więc można było się spodziewać, syn udał się do mamusi po poradę w sprawie naszego ewentualnego wyjazdu do Polski.

Matka nie była oczywiście zachwycona tym, co usłyszała. Próbowała mu wyperswadować ten „szalony pomysł”, powołując się na zagrożenia związane z wychowywaniem dzieci w kraju ludzi niewiernych. Uzależniony emocjonalnie od matki Muchtar nie mógł nie przyznać jej racji – przecież zawsze kierowała nią sama dobroć i mądrość… Musiał jednak przekonać ją, jak wiele dla niego znaczą te studia i jaka wspaniała przyszłość się dla niego otwiera. Dość, że nie mając argumentów przeciw, wpadła na szatański pomysł. Z zadowoloną miną oznajmiła, iż – po długim zastanowieniu, rozmowie z synem oraz modlitwie – postanowili, iż Karimek do Polski nie pojedzie. Nie straci w ten sposób nauki w arabskiej szkole i nie zapomni ojczystego języka. Przecież w tym bezbożnym kraju, nasiąkniętym złem i grzechem, oddaliłby się od Allacha, a nikt z naszej rodziny tego nie chce. Karim miał zostać i od nowego roku rozpocząć naukę w szkole koranicznej. To najlepsza szkoła, pobłogosławiona przez samego proroka!

Po wysłuchaniu tej koncepcji przed oczami pojawiła mi się znajoma, okrutna ciemność, następnie wystąpiło głośne bicie serca i ból zmieniający się w duszność.

– Przecież będziecie odwiedzać Karimka, no i są telefony – słyszałam w oddali skrzypiący głos teściowej.

– Matko, twoja mądrość jest nieoceniona, niech Allach ma cię w opiece – asystowały jej radosne komentarze Muchtara.

– Wszyscy na tym skorzystają, a najbardziej nasz drogi Karimek. Będzie pobierał najlepsze dla niego nauki wśród kochającej rodziny i oddanej babci – to znowu ona.

– Od jutra musimy zacząć przenosić jego rzeczy do mojego rodzinnego domu, a może nawet powinien tam zamieszkać, aby się powoli przyzwyczajać – to znów mój oszalały mąż.

Patrzyłam jak przez mgłę na jego zadowoloną minę. Boże, czy to możliwe, że tak bardzo pokochałam kiedyś tego człowieka, że zostawiłam dla niego wszystko, czym żyłam: kraj, rodzinę, bliskich, przyjaciół. I całe swoje życie oddałam w jego ręce! A on konsekwentnie zabija moją miłość, przyjaźń, poczucie bezpieczeństwa. Teraz ten człowiek, który miał być dla mnie całym światem, chce odebrać mi najcenniejszy skarb, jakim jest dziecko. Siedziałam półprzytomna z rozpaczy, a cała arabska rodzina rozprawiała o losie mojego dziecka, nie zwracając na mnie w ogóle uwagi. Bardzo żałowałam, że tego dnia nie było w domu mojego teścia. On na pewno wziąłby moje uczucia pod uwagę.

Gdy wróciliśmy do mieszkania, mój mały synek przyszedł do mnie i zapytał:

– Czy to prawda, mamusiu, że nie pojadę z wami do Polski i nie zobaczę moich dziadków?! Ja nie chcę zostać tutaj sam! Chcę jechać z wami! Co złego zrobiłem, że nie chcecie mnie zabrać? Czy moją mamą będzie teraz babcia Fatma? Ja nie chcę innej mamy, nie zostawiaj mnie! – Łzy spływały mu po policzkach.

Tej nocy nie zmrużyłam oka, a myśli krążyły jak oszalałe. Nie wiedziałam, co robić, miałam zupełną pustkę w głowie. Byłam pewna tylko jednego – nigdy nie zostawię swoich dzieci. Wolę umrzeć, tu, pod tym obcym niebem, ale trwać będę przy nich do końca.

Przełom, czyli teść sprawiedliwy

Wczesnym rankiem, gdy zajrzałam do pokoju, w którym spały dzieci, zobaczyłam, że młodszy synek już nie śpi, natomiast Karimek leży z zamkniętymi oczami i ciężko oddycha. Dotknęłam jego główki – była bardzo rozpalona. Dziecko miało wysoką temperaturę i było prawie nieprzytomne. Zawołałam Muchtara, który także przestraszył się tak nagłym atakiem silnej gorączki.

Szybko ubrałam Malika, a Karimka zawinęliśmy w koc i pojechaliśmy do najbliższego szpitala. Nie czekając na swoją kolejkę, z impetem wpadliśmy do gabinetu lekarza. Młody egipski doktor spojrzał na nas ze zrozumieniem – tutejsi lekarze są przyzwyczajeni do impulsywnych zachowań swoich arabskich pacjentów. Od razu zabrał się za badanie chłopca. Słuchał i słuchał, zaglądał w gardło, nos i uszy, i niczego konkretnego nie potrafił stwierdzić. Według niego z dzieckiem nic złego się nie działo.

– Może zjadł wczoraj coś nieświeżego i to mu zaszkodziło – głośno dywagował lekarz. – Chłopczyku, czy boli cię brzuszek? – zwrócił się bezpośrednio do małego.

– Nie, nie boli – słabym głosikiem odpowiedział Karimek.

– No cóż – stwierdził w końcu – zapewne wczoraj zbyt długo przebywał na słońcu, co jest bardzo niebezpieczne o tej porze roku.

– Skądże znowu, doktorze – odparł na to mój mąż. – Czy doktor sugeruje, że nie dbam o własnego syna?

– Ja nic nie sugeruję, po prostu szukam przyczyny tak wysokiej gorączki.

– Od tego jest lekarz, żeby wiedział, a nie zgadywał – ciągnął dalej Muchtar.

Doktor, dobrze znając nadpobudliwość Libijczyków, wolał poskromić swoje dalsze domysły. Przepisał dziecku leki obniżające temperaturę, witaminy na wzmocnienie, zalecił lekkostrawną dietę i zimne okłady na czoło. Nieco uspokojeni wyszliśmy z gabinetu. Niestety, już w drodze powrotnej nasz synek zaczął płakać i wymiotować.

Po powrocie do domu Muchtar nieoczekiwanie wpadł w złość.

– Jak możesz nie wiedzieć, co dolega naszemu dziecku! – mówił podniesionym głosem. – Co z ciebie za matka, że nie potrafisz odczytać dolegliwości u własnego syna?!

– Tak, tak, pewnie twoja matka będzie lepszą i troskliwszą opiekunką ode mnie! – przestałam się kontrolować. – Najlepiej już dzisiaj oddaj nasze dzieci twojej rodzinie, zrób z nich pieprzonych Arabów, a mnie ukamienuj na Placu Zielonym! – Było mi już wszystko jedno, napięcie sięgnęło zenitu, a rozsądek przestał czuwać.

– Przestań histeryzować, ty polska dziwko! Won z mojego domu, zgiń na ulicy. Jesteś niegodna, abyś była matką dla moich dzieci, niegodna, aby być w naszej rodzinie.

Byłam w szoku, znów poczułam piekący policzek, słodką krew w ustach i pulsujący ból głowy. To koniec – pomyślałam – niczego już nie uratuję. Przegrałam wszystko, a byłam tak blisko. W końcu wyłączyłam się zupełnie. Tylko ten znajomy ból, stary towarzysz mojego afrykańskiego życia, był przy mnie. Potem zaczął narastać jakiś hałas, coraz głośniejszy i głośniejszy... Co to może być? – nie potrafiłam odgadnąć. Ktoś stuka? Ktoś woła?...

To mój teść z impetem wtargnął do naszego mieszkania i już od progu zaczął głośno krzyczeć:

– Co to za hałasy i krzyki?! Wstydź się, na Boga – zaczął mówić srogim i podniesionym głosem do mojego męża. – Cóż ci takiego uczyniła ta kobieta, którą pojąłeś za żonę, a ona z miłości do ciebie porzuciła swój kraj, swoją rodzinę, swoich bliskich?! – pytał i, nie czekając na odpowiedź, coraz bardziej zdenerwowany, mówił dalej:

– Zabieram ją i jej dzieci do mnie, bo jako ojciec i muzułmanin nie mogę pozwolić, aby działa jej się krzywda. Ona nie ma tutaj nikogo. Niech Allach ci wybaczy, synu, proś Go o to... Ubieraj się, córko, i zabierz rzeczy chłopców. Zabieram was z tego domu – powiedział na koniec tonem nieznoszącym sprzeciwu.

Bardzo szybko zaczęłam pakować nasze ubrania, aby Muchtar nam w tym nie przeszkodził. Ale on stał tylko odwrócony plecami i spoglądał w okno. Czułam, że jest wściekły, ale i zawstydzony wybuchem złości ze strony swojego ojca. W kulturze arabskiej rzadko kiedy ojciec wtrąca się do rodziny swojego dorosłego syna – zgodnie z zasadą, iż mężczyzna jako głowa domu ma prawo do wszystkich poczynań, nawet tych okrutnych i haniebnych, a jego decyzji nikt nie ma prawa kwestionować. Panu i władcy wolno tu dosłownie wszystko, ma prawo karać żonę i dzieci, jak tylko mu się podoba, a nawet – w imię honoru – pozbawić kobietę życia. To, czego teraz doświadczałam, było przypadkiem zupełnie odosobnionym. Ojciec Muchtara przez cały mój pobyt w tym kraju starał się mnie wspierać, a teraz może ratował mi życie…

Kiedy wyszliśmy na powietrze, poczułam się lepiej i wstąpiła we mnie iskra nadziei, choć nie miałam nadal pojęcia, co nastąpi dalej. Czy Muchtar rozwiedzie się ze mną? To – zgodnie z arabskim prawem i zwyczajem – oznaczałoby odebranie mi dzieci. W tej chwili jednak najbardziej liczyło się, że będziemy bezpieczni.

Gdy przybyliśmy na miejsce, cała rodzina siedziała wokół wielkiej misy z kuskusem. Była to pora kolacji.

– Gdzie byłeś mężu i gdzie jest mój syn? – odezwała się zdziwiona i zaniepokojona teściowa.

– Dajcie jedzenie dzieciom, a ja będę jadł z Nadią. Przygotujcie im też oddzielny pokój. Dziś tu przenocują i zostaną tak długo, jak będzie trzeba.

– Ale gdzie Muchtar? – nie dawała za wygraną teściowa.

– Głucha jesteś? Powiedziałem już co trzeba. Twój syn postradał zmysły. Myślę, że opętał go szatan, niech Allach ma go w opiece.

– To wszystko przez tę niewierną kobietę z Polski. To ona rzuciła na Muchtara zły urok, od zawsze to wiedziałam – zaczęła lamentować, lecz teść szybko to przerwał:

– Zamknij się, kobieto, bo ja już dzisiaj za siebie nie ręczę i zacznę od wypędzania diabła z ciebie! – podniósł głos, a to był znak, że najlepsze, co kobieta może w tym momencie zrobić, to zniknąć mężowi z oczu.

Tej nocy nie mogłam spać, byłam nadal roztrzęsiona. Jedyną myślą, która dodawała mi otuchy było to, że ojciec Muchtara stanął w mojej obronie. W przeciwnym razie wylądowałabym przed polską ambasadą – w nocy, sama, bez dzieci.

Rano Ibtisam, najmłodsza dziewczynka w rodzinie, przyniosła mi do pokoju śniadanie – herbatę i kawałek bułki. Widocznie nikt nie chciał ze mną rozmawiać, skoro nie zawołano mnie do części domu przeznaczonej dla kobiet i najbliższej rodziny. Podziękowałam za poczęstunek i, bardziej z rozsądku niż z głodu, zaczęłam jeść. Nie mogłam być pewna, co się ze mną stanie i przez co jeszcze będę musiała przechodzić. Przez uchylone drzwi zobaczyłam moich chłopców siedzących na materacach. Młodszy objadał się daktylami, popijając mlekiem. Karimek zaś, któremu w nocy minęła gorączka, siedział smutny patrząc przed siebie i nie odzywając się do nikogo. Serce bolało na ten widok. Zawsze w takich momentach obwiniałam siebie za los, który sobie i im zgotowałam.

Gdy nastała pora obiadowa, w domu pojawiła się głowa rodziny, czyli teść. Już od progu słychać było jego gniewny głos. Rozkazującym tonem polecił kobietom przygotować jedzenie dla dwóch osób. Słychać było krzątaninę oraz brzęk podawanych naczyń i sztućców. Ojciec Muchtara zawołał mnie i zaczęliśmy jeść ryż z wielbłądzim mięsem i warzywami. Oboje wkładaliśmy łyżki do jednej wspólnej misy. W kulturze arabskiej człowiek, z którym wspólnie spożywa się posiłek, nie może być wrogiem i należy mu być przychylnym. Czułam, że przez ten gest teścia zostałam umocniona, a nawet znalazłam się w uprzywilejowanej pozycji.

– *Hamduallach*, niech Bogu będą dzięki – powiedział, gdy skończył, i odłożył swoją łyżkę.

– *Hamduallach* – odpowiedziałam. Cała rodzina, która siedziała w różnych kątach domu, także odpowiedziała.

– Żono, przygotuj *szahi*, herbatę – padło życzenie męża.

– Tak mężu, zaraz będę gotowała twoją ulubioną herbatkę.

Teściowa na małej kuchence gazowej zaczęła warzyć napój, a następnie przelewała go z jednego dzbanka do drugiego, aż wytworzyła się biała pianka, po czym nalała herbatę do malutkich szklaneczek. Była bardzo mocna i słodka (czasem też podawana jest z dodatkiem świeżej mięty bądź prażonych migdałów). Gdy teść wypił trzy szklaneczki tego pobudzającego napoju, złapał mnie za rękę i powiedział:

– Moja córko, rozmawiałem dziś rano z twoim mężem. Jest bardzo zły na ciebie, ale nie powiedział dlaczego, a ja nie mam prawa tego od niego wymagać, bo to jego sprawa. Mimo to obiecałem sobie, że nie można ciebie krzywdzić i muszę wziąć cię w obronę. Nie masz tu ojca oprócz mnie i nie masz tu rodziny oprócz naszej. Libijskie kobiety, gdy występują konflikty w małżeństwie, mają obronę we własnych rodzinach, czy to w ojcu, bracie bądź wuju. Ty nie masz tu nikogo. Jesteś niejako sierotą, a islam nakazuje brać je w obronę. I dlatego nie mogę pozostawić cię samą.

– Dziękuję – wydusiłam z siebie. Byłam szczerze wzruszona tymi słowami i zaczęłam nawet doceniać zasady ich wiary...

– Mam nadzieję – kontynuował – że mój niepokorny syn weźmie pod uwagę moje słowa i przemyśli sobie jeszcze raz wszystko, bo to rozsądny i mądry człowiek. Bądź cierpliwa i daj mu jeszcze trochę czasu, a niebawem zjawi się, aby się z tobą rozmówić. Niech Allach wpłynie na jego serce.

– Niech wpłynie... – zakończyłam.

Minęło całe dziesięć dni, zanim w domu rodzinnym pojawił się Muchtar. Przez cały ten czas miałam serce ściśnięte niepokojem. Siedziałam sama w swoim pokoju, kiedy usłyszałam, że wita się z dziećmi, jakby nic się nie stało. One także ucieszyły się na jego widok.

– Witaj, drogi synu, tak długo wszyscy czekaliśmy na ciebie. Z pewnością zatrzymały cię ważne sprawy. Niech Allach błogosławi twoje wszystkie ścieżki i decyzje, mój pierworodny – witała go kochająca matka.

– Jestem bardzo głodny…

– Już, syneczku, wszystko się szykuje – to, co najlepszego jest w tym domu. Po chwili trzy ogromne tace z pełnymi miskami jedzenia wniesiono mu pod nos. Jadł w milczeniu, słychać było tylko brzęk łyżki zanurzanej w aromatycznej zupie.

– *Hamduallach* – powiedział, gdy skończył się posilać.

– Na zdrowie, mój drogi – odpowiedziała matka, a za nią pozostali domownicy.

– Gdzie jest moja żona? – rozległo się pytanie.

– W moim pokoju – odpowiedziała jedna z sióstr. Po chwili usłyszałam pukanie.

– Witaj, przyszedłem, aby się z tobą rozmówić – powiedział bez słowa skruchy.

– Dobrze, co chcesz mi powiedzieć? – odrzekłam, a mój głos i mina nie wyrażały żadnych emocji.

– Sądzę – zaczął – że przemyślałaś swoje niewłaściwe zachowanie i żałujesz, że wyprowadziłaś mnie z równowagi. Wiesz przecież, że ja tego bardzo nie lubię i okropnie się czuję, kiedy muszę posuwać się do takich czynów. Rozumiesz mnie, prawda?

– Rozumiem – usłyszałam swój spokojny głos, choć wszystko we mnie krzyczało: Jesteś potworem!

– Dam ci szansę, ale musisz przystać na moje warunki – powiedział wyniośle.

– Jakie są te warunki?

– Po pierwsze zmień stosunek do mojej matki, bo ona ma zawsze rację. A po drugie wiem, że Karim zachorował przez to, iż miałby z nami nie pojechać do Polski. Żal mi go, to mój ukochany, pierworodny syn, więc nie myśl, że go nie kocham i nie chcę dla niego jak najlepiej. Postanowiłem go zabrać, lecz pod następującymi warunkami: będzie się uczył w meczecie Koranu i co roku przez trzy miesiące nasze dzieci będą przebywać z moją rodziną w Libii.

– Zgadzam się! – wykrzyknęłam zanim jeszcze dokończył zdanie.

– I jeszcze jedno – dodał – wyjechać z Libii i wjechać do Polski dzieci powinny na libijskich paszportach – jako Libijczycy.

– Tak, dobrze – odrzekłam, bo w tej chwili nie miało to dla mnie żadnego znaczenia.

Po tej rozmowie, jeszcze tego samego dnia, wróciliśmy do naszego mieszkania.

Pożegnanie z Afryką

Upragniona przeze mnie decyzja wyjazdu zapadła. Teraz pozostawała jeszcze kwestia sprzedaży naszego „gniazdka". W Libii nie można zostawić na dłużej pustego domu czy mieszkania, gdyż mógłby je ktoś bezprawnie zająć. Poza tym ze sprzedaży można było uzyskać niemałe pieniądze. Załatwialiśmy także i inne sprawy. Relacje między nami – przy wielkim staraniu z mojej strony – powoli wracały do normy. Abym mogła przeprowadzić swój plan do końca, Muchtar musiał mi całkowicie zaufać. Starałam się więc być znów przykładną, kochającą i oddaną żoną, szanującą decyzje męża i zgadzającą się na różne jego pomysły.

Zbliżał się koniec roku szkolnego i zaczynały wakacje. Karim kończył drugą klasę. To był najlepszy moment na wyjazd, gdyż po wakacjach mogłyby nastąpić komplikacje ze względu na obowiązek szkolny. Konieczne było zatem szybkie znalezienie kupca na mieszkanie. Upływający czas powodował, że stawałam się coraz bardziej nerwowa, wszystko mnie drażniło. Boże – modliłam się codziennie – który nagradzasz cierpliwych, nie każ mi już więcej czekać. Choć mój cel jest ważniejszy niż moje cierpienia, to z każdym dniem umiera we mnie nadzieja…

Afrykańskie lato przechodziło swój rozkwit, do końca wakacji zostały już tylko dwa tygodnie. Gdy mogło się zdawać, że wszystko już stracone lub w najlepszym przypadku odsunięte w czasie, niespodziewanie do Muchtara przyszedł wieczorem jakiś starszy mężczyzna. W mojej sypialni słychać było ich żywiołowe głosy, aż w końcu padły słowa świadczące o dobijaniu targu. Znałam już dobrze tutejszy język, więc rozumiałam, o co idzie. Dzięki Ci, Panie Boże – pomyślałam i czekałam, aż mężczyzna opuści dom, a wtedy wszystkiego się dowiem. Pół godziny później małżonek powrócił i z tajemniczą miną oznajmił:

– Mam dla ciebie niespodziankę.

– Tak?… Jaką?

– Od jutra możesz się pakować, znalazł się nabywca naszego mieszkania.

– Naprawdę? To cudownie, Muchtarze! Będziesz mógł się uczyć, do czego zostałeś stworzony, przecież tego właśnie Allach od ciebie wymaga. To jest twój cel, osobisty *dżihad* – czy ty to czujesz?! – mówiłam jednym tchem.

– Tak, tego chcę. Muszę zdobyć jak najwięcej. To Najwyższy Miłosierny dał mi mądrość, więc muszę walczyć. *Inszallach*.

– Kim jest kupiec? – zapytałam z ciekawości, choć było to dla mnie zupełnie bez znaczenia.

– To był Ali ze Zliten, ojciec Mabruka, który za trzy miesiące będzie się żenił, a więc mieszkania potrzebuje jak najszybciej. Teraz muszę załatwić dla nas bilety oraz wizy dla dzieci. Ale wy, niestety, musicie wyjechać wcześniej, ja zaś, jak wszystko tutaj pozałatwiam, to do was dojadę.

Gdy tylko zaczęło świtać, nie tracąc cennego czasu, wzięłam się za porządkowanie i pakowanie naszych rzeczy, które chciałam zabrać. Było ich naprawdę niewiele. Oddzielałam je od tych, które zamierzałam zostawić rodzinie i znajomym. Przez cały czas nie zapominałam też o zapewnianiu mojego męża o miłości do niego. To było niezbędne, bo dobrze wiedziałam, znając chwiejny charakter Muchtara, że wystarczy jedna banalna przyczyna lub zasiana wątpliwość, by – nie patrząc na nic i na nikogo – zniweczył wszystkie wcześniejsze ustalenia.

Zawołałam dzieci, aby przekazać im nowinę:

– Niedługo wyjeżdżamy do Polski, a Karimek pójdzie tam do nowej szkoły! Zauważyłam, jak radośnie świecą im się oczy, jakie szczęście maluje się na ich twarzach. – Musimy posegregować nasze rzeczy, przede wszystkim oddać wasze zabawki tutejszym dzieciom, które nie mają czym się bawić. Wy dostaniecie tam nowe i jeszcze piękniejsze.

Karim, o pięć lat starszy od Malika, bez zastanowienia przyniósł cały swój karton. Z młodszym synem sprawa miała się gorzej. Uparł się, że zabierze swój ulubiony czterokołowy rowerek, który był dla niego najcenniejszą rzeczą. Niestety, nie było możliwości zabrania zabawki w tak długą podróż. Mieliśmy najpierw pojechać samochodem do Tunezji, do miasta Dżerba, potem samolotem do Rzymu i stamtąd dopiero, następnego dnia, miał się odbyć lot do Warszawy.

– Maliku, syneczku – tłumaczyłam, jak potrafiłam najlepiej, dostaniesz jeszcze piękniejszy rowerek, a ten przecież nie zmieści nam się do torby. Nie mamy wyjścia, oddamy go komuś, kto będzie o niego dbał i komu sprawi radość. Jednak im bardziej go przekonywałam, tym mocniej zaciskał piąstki na kierownicy swojego ukochanego pojazdu.

Podczas przygotowań do wyjazdu nigdy nie odczułam najmniejszego żalu, że opuszczam ten dom, kraj i moje tutaj życie. Zbyt wiele doznałam zła, cierpień i głębokich rozczarowań. To tutaj została zabita moja miłość i tutaj straciłam poczucie bezpieczeństwa.

Bilety zostały zabukowane na 25 sierpnia 1997 roku. Pozostała jeszcze do omówienia kwestia paszportów dzieci.

– Pamiętaj, Nadio, abyś wyjechała z Libii na libijskich paszportach i przekroczyła na nich granicę – przypominał Muchtar tonem nieznoszącym sprzeciwu.

– Ale dlaczego…

Nie dokończyłam pytania. Bezpieczniej było to przemilczeć i potwierdzić zgodę, udając, że nic z tego nie rozumiem, choć rozumiałam i to bardzo dobrze. Chodziło o to, żeby w razie zaistnienia sytuacji nie po myśli męża, ambasada libijska w Polsce zwróciła się do polskich władz o zwrot dzieci ojcu. Z dokumentów wynikać bowiem miało, że są one obywatelami Libii i podlegają prawu tego kraju, czyli w tym przypadku „prawu ojca".

Noc poprzedzająca ten wyjątkowy dzień nie pozwalała na zmrużenie oka, choć rozsądek nakazywał wypoczynek. Wszystko nastawione było we mnie na czuwanie. Umysł pracował na wzmożonych obrotach, zachowując szczególną ostrożność. Rankiem, przed wyjazdem do Tunezji, zajechaliśmy do rodzinnego domu Muchtara, aby pożegnać się z jego mieszkańcami. Serce waliło mi jak oszalałe, ale nie mogłam dać po sobie poznać, że dla mnie jest to pożegnanie ostateczne. Mówiłam im „do widzenia", ale przecież nie zamierzałam tu kiedykolwiek wrócić. Jednak przekonywałam siebie do zdobycia się wobec nich na przebaczenie, mimo tych niedobrych dni, jakie przyszło mi tu przeżyć.

Wszyscy już na nas czekali. Niektórzy z rodzeństwa Muchtara mieli szczere łzy w oczach. Mój teść wyglądał na wzruszonego. On od początku wiedział, że pod tym obcym dla mnie niebem nie jestem szczęśliwa. Po opuszczeniu domu odwróciłam się i spojrzałam na to miejsce i jego mieszkańców po raz ostatni, jakbym chciała umieścić ten obraz w mojej pamięci na zawsze. Po chwili siedzieliśmy już w samochodzie, ruszając na libijską autostradę w kierunku Tunezji. Mieliśmy do przebycia pierwszy etap podróży, czyli około pięciuset kilometrów.

Jechał z nami młodszy brat Muchtara – Asad, z czego byłam zadowolona, bo był zmiennikiem przy kierownicy, co zwiększało bezpieczeństwo podróży, a poza tym poprzez rozmowę z nami mógł rozpraszać ewentualną podejrzliwość Muchtara. Po około sześciu godzinach dotarliśmy do granicy. Nastąpiła żmudna i męcząca odprawa, sprawdzanie wielu dokumentów i wyjaśnianie rozlicznych wątpliwości. Wreszcie znaleźliśmy się poza granicami Libii i, choć ciągle byłam w arabskim kraju, odczułam wielką ulgę.

Nie mieliśmy dużo czasu, aby zdążyć na samolot do Rzymu, więc wszystko przebiegało w nerwowej atmosferze, aż w końcu nadszedł ten moment. Miałam z dziećmi przekroczyć bramki i zostać za nimi już sama. Ja i Muchtar spojrzeliśmy na siebie, każde z nas miało zapewne odmienne odczucia i myśli. Moje skupiały się na tym, że oto tak naprawdę rozstaję się z człowiekiem, który miał być dla mnie całym światem, a ten świat zawalił się w gruzy. Poza tym nadal czułam lęk, że jednak coś niespodziewanego się wydarzy i będziemy musieli wrócić tam, skąd tak trudno było się wydostać. Ta panika przesłaniała mi wszystko i chciałam mieć to już za sobą. Co w tym momencie myślał Muchtar, tego nie dowiedziałam się nigdy.

– Uważaj na dzieci – odezwał się w końcu. – I na siebie.

– Zadzwonię po przylocie – obiecałam.

– No i pamiętaj, co ci powiedziałem o paszportach – znów usłyszałam ten władczy ton. To były jego ostatnie słowa wypowiedziane do mnie.

Przeszliśmy do pomieszczenia dla pasażerów, a niespełna pół godziny później żegnałam się z tym kontynentem, patrząc nań już z wysokości.

W Rzymie czekaliśmy prawie całą noc na samolot do Warszawy. Chłopcy, jak to dzieci, aż do wyczerpania biegali po sali odlotów. W końcu wczesnym rankiem usłyszałam numer naszego rejsu.

Lot minął szybko i szczęśliwie. Kiedy w oddali przez gęste chmury zobaczyłam płytę lotniska na Okęciu, spojrzałam na moich śpiących synów i, nie budząc ich, zapięłam pasy bezpieczeństwa. Zaczynamy nowy rozdział naszego życia – pomyślałam – ale czy łatwiejszy? Z pewnością tak, choć sporo spraw nie zostało jeszcze zamkniętych. Czeka mnie wiele rozmów, wyrzucania z siebie żalów, no i ważnych decyzji. Na pewno będę teraz silniejsza, bo u siebie i już nie sama!

Samolot lekko uderzył kołami o asfalt, dając znak, że podróż zakończona.

– Wstawajcie, dzieci. Jesteśmy na miejscu, dolecieliśmy!

– A gdzie śnieg? – zapytał Malik, spojrzawszy przez okienko.

– Jest przecież lato, na śnieg będziemy musieli długo czekać – wyjaśnił mu starszy brat. – Pewnie spadnie, kiedy tata będzie już z nami – dodał beztrosko.

Poczułam znajome ukłucie. To znak, że nie wszystko jest takie oczywiste i zamknięte. Czy, mimo wszystko, mam prawo pozbawić dzieci ojca? Przecież on na swój sposób je kocha. A one, jak wszystkie dzieci, potrzebują wsparcia i miłości obojga rodziców... Głos stewardesy wyrwał mnie z zamyślenia.

– Chodźcie, idziemy – oznajmiłam.

Stanęliśmy w kolejce przy odprawie. Wyjęłam swój polski paszport, gdzie miałam także wpisanych swoich synów. Ich libijskie dokumenty spoczywały głęboko na dnie torby. Chłopcy – jak nigdy – stali spokojnie, trzymając mnie mocno za ręce, i z zaciekawieniem rozglądali się wkoło.

– Witam w kraju – powiedziała miła urzędniczka, stawiając pieczątkę. – Długo pani nie było w ojczyźnie – uśmiechnęła się. – Wiele zmieniło się od tamtego czasu.

Spis treści

bernardinum

www.bernardinum.com.pl

Spis treści

bernardinum
www.bernardinum.com.pl